ÉTUDE

SUR LES

PETITS CHEMINS DE FER

FORESTIERS

PAR

E. THIÉRY

PROFESSEUR A L'ÉCOLE NATIONALE FORESTIÈRE

Extrait du *Bulletin de la Société industrielle de l'Est.*

NANCY

IMPRIMERIE BERGER-LEVRAULT ET Cie

18, rue des Glacis, 18

1892

ÉTUDE

SUR LES

PETITS CHEMINS DE FER

FORESTIERS

PAR

E. THIÉRY

PROFESSEUR A L'ÉCOLE NATIONALE FORESTIÈRE

Extrait du *Bulletin de la Société industrielle de l'Est.*

NANCY,

IMPRIMERIE BERGER-LEVRAULT ET Cⁱᵉ

11, rue Jean-Lamour, 11

1889

ÉTUDE

SUR LES

PETITS CHEMINS DE FER FORESTIERS

L'introduction dans les forêts des petits chemins de fer à voie étroite commençant à prendre de l'extension un peu partout, et notamment en Suisse et en Allemagne, j'ai cru de mon devoir de présenter à ce sujet quelques observations dans ce *Bulletin*, que la Société industrielle de l'Est a mis gracieusement à ma disposition.

Je diviserai mon sujet en trois parties ; dans la première je parlerai de l'établissement de la voie, dans la deuxième du matériel roulant, et dans la troisième j'examinerai les conditions pour lesquelles il y a intérêt à introduire des voies ferrées dans les forêts.

PREMIÈRE PARTIE

De la voie.

Cette première partie sera divisée en trois chapitres :

Le premier sera consacré à l'étude des rails, le second traitera des traverses et de la largeur à donner à la voie ; dans le troisième on étudiera les dispositions générales de la voie.

CHAPITRE PREMIER

Des rails.

I. — AVANTAGES DU RAIL VIGNOLE EN FORÊT.

La première question qui se pose lorsqu'on veut établir un chemin de fer en forêt, est celle de savoir si l'on doit donner la préférence au rail symétrique à double champignon ou au rail Vignole.

Pour étudier cette question, mettons en regard les avantages des deux systèmes :

Pour la voie Vignole : 1° Moindre prix d'établissement ;

2° Possibilité d'empêcher, au moyen d'une encoche, le déplacement longitudinal des rails ;

3° Simplicité du système.

Pour la voie symétrique : 1° Faculté de retournement ;

2° Promptitude et commodité de remplacement des rails ;

3° Plus grande stabilité.

Les rails à double champignon n'ayant pas, à notre connaissance, été employés jusqu'alors en forêt, nous n'avons pu comparer, au point de vue pécuniaire, la faculté de retournement de l'un des deux systèmes avec le moindre prix d'établissement de l'autre. Il nous a donc fallu faire des recherches dans les calculs auxquels on s'est livré à cet égard pour l'établissement des grandes lignes de chemins de fer.

Or, il résulte des relevés faits sur les lignes de Paris-Lyon et d'Orléans que l'on peut évaluer à 30 p. 100 en moyenne la proportion des rails que l'on peut retourner. On peut en conclure que chaque rail passe moyennement les 0,70 de son existence dans sa position primitive et les 0,30 dans sa position de retournement ; ce qui revient à peu près à dire que le retournement augmente la durée des rails de $\frac{0,30}{0,70}$ ou de 40 p. 100 environ.

D'autre part il résulte d'un ensemble de calculs faits sur différentes lignes : 1° que l'économie, par kilomètre, résultant de l'emploi du rail Vignole, est de 2,750 fr.; 2° que le prix de renouvellement des rails, sur un kilomètre de voie, est de 10,500 fr. pour le rail à patin, et de 11,500 fr. pour le rail symétrique, ce dernier chiffre étant un peu plus élevé à cause du remplacement forcé d'un certain nombre de coussinets et de coins.

Donc, si, pour la voie Vignole, il y a lieu de faire, par période de n années, une dépense de 10,500 fr. pour le renouvellement de la voie, ce qui équivaut à une dépense moyenne annuelle de $\frac{10,500}{n}$ fr., cette dépense annuelle, pour la voie à double champignon, s'abaissera au chiffre de $\frac{11,500}{1,40\,n}$.

Si, par exemple, la voie est renouvelable tous les 15 ans, on trouvera que la dépense annuelle moyenne est de 700 fr. pour la voie Vignole et de 548 fr. pour l'autre, soit une différence de 152 fr.

D'un autre côté, l'économie d'établissement de la voie Vignole est de $\frac{1}{20} \times 2,750$ fr. $= 137$ fr. 50 c.

Pour être tout à fait exact, il aurait fallu tenir compte des intérêts composés et substituer des annuités aux moyennes arithmétiques. Les chiffres relatifs à la dépense annuelle moyenne auraient tous été diminués, ceux concernant le rail à double champignon dans une proportion plus forte, puisque l'escompte se fût appliqué à un plus grand nombre d'années; on aurait ainsi trouvé à peu près le même chiffre pour la dépense de chaque voie.

Cette dépense moyenne est beaucoup moindre pour les chemins de fer en forêt; mais le raisonnement que nous venons de faire leur est applicable; et, comme le chiffre de 15 ans, pour le renouvellement de la voie Vignole, a précisément été adopté par les forestiers allemands qui ont déjà acquis aujourd'hui une certaine expérience dans la matière, on peut en conclure que les deux systèmes se valent au point de vue des frais d'établissement.

En outre, des expériences suivies et précises faites en Allemagne en 1851 ont démontré péremptoirement que les deux systèmes sont également équivalents au point de vue de la résistance aux charges verticales.

Il n'en est pas de même en ce qui concerne la résistance à l'effort horizontal exercé par les roues du véhicule. Dans la voie Vignole, cet effort se transmet directement au tirefonds ou au crampon extérieur, tandis que dans l'autre il est transmis au coin, qui le transmet au coussinet, lequel le transmet aux chevillettes; il en résulte, dans ce dernier cas, une série de transmissions qui amortissent le choc. En second lieu, dans la voie à patin, il n'y a que le crampon extérieur qui résiste, tandis que dans la voie à double champignon, les deux chevillettes, étant réunies par le coussinet, résistent également. Enfin la largeur du coussinet est plus grande que celle du patin, ce qui augmente, dans la voie à double champignon, la résistance au renversement. Mais cette supériorité du rail symétrique est beaucoup moins marquée dans les chemins de fer forestiers que sur les grandes lignes, car les efforts horizontaux, qui proviennent surtout de la force centrifuge, sont généralement beaucoup moins considérables. D'autre part, ce désavantage de la voie à patin est largement racheté par la simplicité du système, qui est une condition indispensable en forêt. Si l'on employait la voie à double champignon, il faudrait, pour ainsi dire, un homme spécial pour le serrage du coin ; ne vaut-il pas mieux avoir un tirefond ou un crampon à remplacer de temps en temps ? Du reste, on peut combattre, dans une certaine mesure, le jeu que tendrait à prendre le crampon sous l'influence des forces horizontales, en introduisant une bague dans le trou de ce crampon, pour en répartir la pression sur une plus grande surface ; et, en outre, on peut augmenter, sans grand surcroît de dépense, la largeur du patin, afin de combattre la tendance au renversement.

On a beaucoup fait valoir en faveur de la voie à double champignon la commodité et la facilité de remplacement d'un rail ; cette opération s'exécute en quelques minutes, tandis que le décramponnage est une opération longue et difficile. Cet argument peut avoir une certaine importance pour les lignes à grande fréquentation ; mais on comprend qu'il a beaucoup moins de valeur en forêt où le remplacement peut se faire sans arrêter l'exploitation. Bien plus, cette difficulté même du décramponnage est peut-être un bien, car elle s'oppose mieux aux actes de malveillance. Enfin il est toujours facile de mettre, à la place des crampons, des tirefonds qui facilitent le démontage tout en résistant mieux aux pressions latérales.

Un dernier avantage en faveur du rail Vignole, c'est la stabilité dans le sens longitudinal, stabilité que l'on obtient en pratiquant, de temps en temps, à l'emplacement d'un point d'appui, une encoche dans laquelle pénètre le crampon. Cette considération a une grande importance en forêt où les pentes peuvent être très fortes et où les courbes peuvent être nombreuses et très accentuées.

En résumé, les deux systèmes sont équivalents au point de vue des frais d'établissement et de la résistance aux charges verticales. Si le rail à double champignon résiste mieux aux efforts latéraux à cause de la solidarité des chevillettes, ce désavantage de la voie Vignole est compensé par une grande simplicité. En ce qui concerne la facilité de déplacement des rails, la voie Vignole, dont la disposition éloigne la malveillance, est préférable en forêt, où la circulation n'est pas très grande et peut être interrompue sans inconvénients. Enfin ce rail résiste mieux au glissement longitudinal.

C'est donc la voie Vignole qui semble la plus avantageuse pour les forêts ; elle a été appliquée en Allemagne, en Suisse et dans quelques forêts des Vosges.

II. — Profil des rails.

On pourrait calculer les dimensions à donner aux rails en appliquant les principes de la résistance des matériaux. Mais les résultats ainsi obtenus auraient besoin d'être soumis à la sanction de l'expérience ; car il ne suffit pas que le rail résiste à la rupture, il faut encore que le mouvement de la charge n'occasionne pas des vibrations trop fortes. Le procédé qui nous semble le plus rationnel, c'est de partir des dimensions d'un rail qui a bien réussi dans certaines conditions connues, et d'en déduire les dimensions du rail que l'on doit employer.

Supposons une section en double T (*fig. 1*); soient a, b, a', b' ses dimensions, I son moment d'inertie, V la distance à l'axe de flexion de la fibre la plus fatiguée et δ le poids spécifique ; on sait que l'on a :

$$I = \frac{1}{12}(ab^3 - a'b'^3)\delta \text{ et } V = \frac{b}{2}$$

d'où

$$\frac{I}{V} = \frac{(ab^3 - a'b'^3)\delta}{6b}. \tag{1}$$

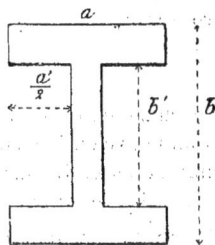

Soit P la charge, L la portée, R le coefficient de résistance permanente à la flexion.

Fig. 1

Si la pièce est encastrée à ses deux bouts, on devra avoir pour l'équilibre :

$$\frac{PL}{8} = \frac{R}{\delta} \times \frac{I}{V}. \tag{2}$$

Supposons maintenant un autre profil semblable, les lettres repré-

sentant les mêmes quantités que tout à l'heure, et étant seulement
pourvues d'un indice, on aura :

$$\frac{I_1}{V_1} = \frac{(a_1 b_1{}^3 - a'_1 b'_1{}^3)\,\delta}{6 b_1}. \tag{3}$$

$$\frac{P_1 L_1}{8} = \frac{R}{\delta} \times \frac{I_1}{V_1}. \tag{4}$$

Nous voulons que les dimensions homologues des deux profils soient
entre elles dans le même rapport ; posons :

$$\frac{a}{a_1} = \frac{b}{b_1} \cdot \frac{a'}{a'_1} = \frac{b'}{b'_1} = \frac{V}{V_1} = K.$$

Nous tirerons de là :

$$a_1 = \frac{a}{K}; \quad b_1 = \frac{b}{K} \cdots\cdots\cdots$$

En remplaçant, dans l'équation (3), a_1, b_1... par ces nouvelles
valeurs, il viendra :

$$\frac{I_1}{V_1} = \frac{ab^3 - a'b'^3}{6b} \times \frac{1}{K^3} \tag{5}$$

et, par suite :

$$\frac{P_1 L_1}{8} = \frac{1}{K^3} \cdot \frac{R}{\delta} \cdot \frac{ab^3 - a'b'^3}{6b}. \tag{6}$$

Divisons membre à membre les deux équations (2) et (6), nous
trouverons :

$$\frac{PL}{P_1 L_1} = K^3. \tag{7}$$

Comme on connaît la charge P_1 que l'on veut faire supporter au
profil nouveau, la charge P qui est supportée par le profil ancien, et
enfin la portée L dans le système ancien, on pourra trouver, pour une
portée L_1 déterminée, le rapport de similitude K et, par suite, les
dimensions a_1, b_1... du profil que l'on veut employer.

Les deux profils étant semblables, les aires et, par suite, les poids par
mètre courant sont entre eux comme le carré du rapport de similitude ;
c'est-à-dire que si ω et ω_1 sont les poids par mètre courant des deux
profils, on aura :

$$\frac{\omega}{\omega_1} = K^2; \quad \text{d'où } \omega_1 = \frac{\omega}{K^2}. \tag{8}$$

Les profils des rails ne sont autre chose que des profils à double T,
moins réguliers sans doute que ceux représentés par la figure 1, mais

auxquels on peut appliquer, sans erreur sensible, les équations (7) et (8).

Le meilleur modèle à prendre est celui des grandes lignes de chemins de fer, dont les dimensions ont été sanctionnées par une longue expérience.

La figure 2 représente le profil du rail Vignole en acier adopté par la Compagnie des chemins de fer de l'Est. Ce rail a une hauteur de 120 millimètres; la largeur du champignon est de 57 millimètres et celle du patin de 99 millimètres; l'épaisseur de l'âme verticale est de $13^{mm},5$; il pèse 30 kilogr. par mètre courant. Avec cette section deux rails supportent facilement un essieu chargé de 12 à 13 tonnes, soit 12,500 kilogr. en moyenne.

Supposons que, dans l'exploitation d'une forêt, on se serve de wagonnets dont la force portative est de 4,000 kilogr.; chaque essieu aura à supporter 2,000 kilogr. et le rapport $\dfrac{P}{P_1}$ sera égal à $\dfrac{12,500}{2,000}$ $= 6,25$. En admettant que l'écartement des traverses soit le même sur les deux voies, c'est-à-dire que L soit égal à L_1, on aura, d'après l'équation (7):

$$K^3 = 6,25$$

d'où

$$K = 1,842.$$

Dès lors, les dimensions du rail à adopter seront:

$$\text{Hauteur} = \frac{120^{mm}}{1,842} = 65^{mm},$$

$$\text{Largeur du champignon} = \frac{57^{mm}}{1,842} = 31^{mm},$$

$$\text{Largeur du patin} = \frac{99^{mm}}{1,842} = 54^{mm}.$$

Pour déterminer l'épaisseur de l'âme, il faut calculer d'abord (voir figure 1) la dimension $\dfrac{a'}{2}$ qui est égale à

$$\frac{a'}{2} \times \frac{1}{1,842} = \frac{57^{mm} - 13^{mm},5}{2 \times 1,842} = 11^{mm},7;$$

on en déduit:

$$\text{Épaisseur de l'âme} = 31 - 2 \times 11,7 = 7^{mm},6$$

soit 8 millimètres en chiffres ronds.

Ce sont ces dimensions qui ont été données au profil de la figure 3.

D'après l'équation (8) le poids de ce rail par mètre courant est $\dfrac{30 \text{ kg.}}{(1,842)^2} = 8^k,850$.

En Suisse, dans les forêts de la ville de Zurich, on emploie des rails Vignole de 70 millimètres de hauteur, 30 millimètres de largeur de tête, 8 millimètres de force d'âme, et 60 millimètres de largeur au pied ; c'est à peu près le type que nous venons de calculer. Nous avons vu également un type à peu près semblable dans la forêt de Mme Chevandier, dans la vallée de la Boudouze ; les dimensions de ce profil sont :

Hauteur $= 61^{mm}$,
Largeur du champignon $= 28^{mm}$,
Largeur du patin $= 56^{mm}$,
Épaisseur de l'âme $= 9^{mm}$,

Si chaque wagonnet ne devait supporter que 3,000 kilogr., le rapport de similitude K serait égal à

$$\sqrt[3]{\dfrac{12,500}{1,500}} = 2,03 ;$$

et les dimensions principales du rail devraient être les suivantes :

Hauteur $= 59^{mm}$,
Largeur du champignon $= 28^{mm}$,
Largeur du patin $= 49^{mm}$,
Épaisseur de l'âme $= 7^{mm}$,
Poids par mètre courant $= 7^{kg},300$.

M. Runnebaum, professeur à l'École forestière allemande d'Eberswald, dans un livre qu'il a publié en 1886 sur les chemins de fer forestiers, dit qu'un rail de 7 kilogr. par mètre courant peut supporter un wagonnet chargé de 2,600 kilogr. avec un mètre d'écartement de traverses. En appliquant notre théorie à ce cas particulier, on trouverait :

$$K = \sqrt[3]{\dfrac{12,500}{1,300}} = 2,13.$$
$$K^2 = 4,54.$$

Poids, par mètre courant $= \dfrac{30}{4,54} = 7$ kilogr. environ.

Du reste, ce type de 7 kilogr. a été adopté par l'administration forestière allemande dans les forêts domaniales situées près d'Abreschwiller.

Enfin, si chaque wagonnet ne devait supporter qu'une charge de 2,000 kilogr., on trouverait 2,32 pour le rapport de similitude ; et les dimensions du profil devraient être :

> Hauteur $= 52^{mm}$,
> Largeur du champignon $= 25^{mm}$,
> Largeur du patin $= 43^{mm}$,
> Épaisseur de l'âme $= 6^{mm}$,
> Poids par mètre courant $= 5^{kg},500$.

M. Michaut, administrateur de la cristallerie de Baccarat, a adopté un profil plus faible encore sur un petit chemin de fer qu'il a créé dans l'une de ses forêts, et qui vient aboutir à la gare de Badonviller. Voici les dimensions de ce profil :

> Hauteur $= 47^{mm}$,
> Largeur du champignon $= 21^{mm}$,
> Largeur du patin $= 41^{mm}$,
> Épaisseur de l'âme $= 5^{mm}$.

Il est à remarquer que l'écartement des traverses n'est que de 0,85. En appliquant l'équation (7), et en désignant par x le poids que peut supporter, par essieu, le profil que nous venons de définir, on a :

$$\frac{12,500 \times 1}{x \times 0,85} = K^3.$$

Mais K est égal à $\frac{120}{47} = 2,55$, ce qui porte la valeur de K^3 à 16,58.

En mettant cette valeur dans l'équation précédente, on obtient :

$$\frac{12,500 \times 1}{x \times 0,85} = 16,58,$$

d'où $x = 887$ kilogr.

On en conclut que le petit chemin de fer en question peut supporter des wagonnets dont la force portative est de 1,774 kilogr.

Si nous nous sommes un peu étendu sur cette question, c'était afin de bien montrer, pour n'y plus revenir, comment on peut passer, avec la plus grande facilité et en se donnant les meilleures garanties de sécurité, de la force portative des wagonnets aux dimensions à adopter pour le profil des rails.

III. — RÉUNION DES RAILS ENTRE EUX.

Le mode de réunion des rails est différent suivant qu'il s'agit d'une voie fixe ou d'une voie transportable.

1° *Voies fixes.*

Sur les voies fixes, il y a lieu d'employer, comme sur les grandes lignes de chemins de fer, des éclisses qui se logeront dans la gorge des rails en s'appuyant en haut sur le champignon et en bas sur le patin, comme le montre la figure 3.

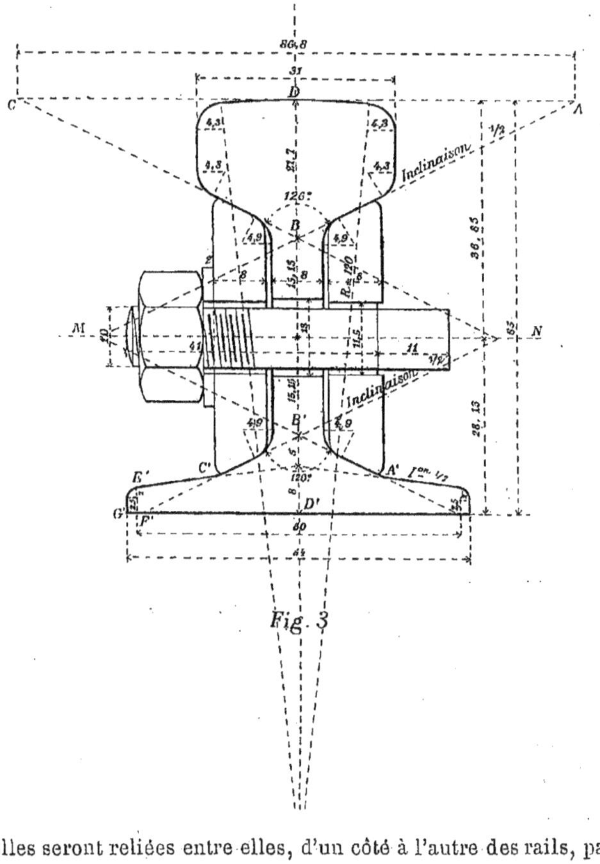

Fig. 3

Elles seront reliées entre elles, d'un côté à l'autre des rails, par des boulons qui traverseront ces derniers à jeu libre, ce qui permettra la dilatation.

Pour qu'un rail soit éclissable, il faut que la surface AB du champignon ne soit pas trop inclinée ; autrement le rail, sous la pression des wagonnets, agirait comme un coin entre les deux éclisses et exercerait sur les boulons des pressions qu'ils ne pourraient supporter. D'un autre côté, un angle doux d'épaulement est favorable à la résistance du rail, car si le champignon n'est pas fortement soutenu, on peut craindre qu'il ne cède, quand il est soumis en porte-à-faux à la charge qui lui est transmise par les roues.

On admet, en général, qu'un rail dont les surfaces d'épaulement présentent un angle ABC de moins de 75°, n'est pas éclissable ; entre 80° et 100° le rail s'éclisse dans de bonnes conditions. Pour maintenir une forme symétrique aux éclisses, nous avons rendu égaux les angles d'épaulement ABC et A'B'C' du haut et du bas ; ces angles, qui répondent à une inclinaison de 1/2 pour les surfaces d'épaulement, sont d'environ 126°.

Cela étant, voici comment nous avons construit le profil de la figure 3, en cherchant à le rendre semblable à celui de la figure 2. Nous avons pris, sur l'axe DD', une longueur DB égale au tiers de la hauteur, c'est-à-dire à $21^{mm},7$, puis nous avons tracé les deux lignes BA et BC avec l'inclinaison de 1/2 ; les rayons des raccordements ont été obtenus en divisant ceux de la figure 2 par le rapport de similitude 1,842.

Pour déterminer la partie inférieure du profil, nous avons pris D'B' égal à 1/5 de la hauteur ; puis nous avons calculé l'épaisseur minimum E'F' du patin en divisant 8^{mm} (dimension homologue de la figure 2) par le facteur 1,842 ; nous avons trouvé $4^{mm},5$ environ ; le rayon du cercle de raccordement devant être égal à $\dfrac{3,5}{1,842}$, c'est-à-dire à peu près à 2 millimètres, nous avons pris G'F' égal à 2 millimètres ; puis, après avoir déterminé le point E', nous avons mené la ligne E'C' avec une inclinaison de 1/7, et la ligne B'C' avec une inclinaison de 1/2. Le rayon de raccordement de l'âme avec la face B'C' a été pris égal à $4^{mm},9$, chiffre qui représente le quotient de 9 millimètres par 1,842. Enfin ceux de la tête ont été réglés à $4^{mm},3 = \dfrac{8^{mm}}{1,842}$.

On pourra s'inspirer des mêmes règles pour tracer un profil quelconque, étant donné le rapport de similitude.

Quand une voie est éclissée, on peut placer le joint entre deux points d'appui, c'est-à-dire en porte-à-faux.

Aujourd'hui l'usage général, presque unanime, sur les grandes lignes de chemins de fer, c'est l'éclissage en porte-à-faux. On rend ainsi la voie plus douce ; et la pratique n'a pas justifié la crainte que certains ingénieurs manifestaient au sujet de cette disposition, faisant observer que le joint est naturellement un point faible et qu'il ne paraît pas logique de le mettre en porte-à-faux quand on peut l'appuyer. Que le joint soit naturellement un point faible, cela n'est pas discutable ; mais le joint renforcé par des éclisses est-il encore un point faible ? Cela n'est pas aussi clair, et l'expérience semble répondre négativement.

Une plus grande douceur de la voie entraîne, comme conséquence, une moindre dépense de force motrice et une moindre usure du matériel roulant et de la voie.

Pour déterminer les dimensions à donner à une éclisse, nous raisonnerons comme nous l'avons fait pour le rail lui-même. Nous les déduirons de celles d'une éclisse qui a bien réussi ; et nous prendrons comme type celle du rail de la figure 2 ; sa longueur est de $0^m,51$, sa hauteur de $0^m,076$ et son épaisseur de $0^m,018$.

Cela étant, une éclisse appuyée haut et bas contre le rail se trouve dans une position qui constitue un véritable encastrement. Supposons qu'une charge P agisse sur un des bouts d'un rail ; ce bout de rail, appuyé sur l'éclisse, lui transmettra sa charge ; et il faut que l'autre rail supporte cette charge sans fléchir. Si nous désignons par λ la distance du point d'encastrement au point d'application de la charge, par h la hauteur et par ε l'épaisseur de l'éclisse, que l'on peut considérer, sans erreur sensible, comme une pièce rectangulaire, on sait que l'on a :

$$P\lambda = \frac{1}{6} R \varepsilon h^2. \tag{9}$$

R étant, comme toujours, le coefficient de résistance permanente à la flexion.

Admettons maintenant que nous voulions calculer les dimensions d'une éclisse semblable soumise à un effort P_1, nous pourrons poser :

$$P_1\lambda_1 = \frac{1}{6} R \varepsilon_1 h_1^2 \tag{10}$$

les lettres représentant les mêmes quantités que tout à l'heure, et étant seulement pourvues d'un indice.

Divisons membre à membre les deux équations (9) et (10), il viendra :

$$\frac{P\lambda}{P_1\lambda_1} = \frac{\varepsilon h^2}{\varepsilon_1 h_1^2}.$$

Or le rapport $\dfrac{\lambda}{\lambda_1}$ peut être évidemment remplacé par le rapport $\dfrac{l}{l_1}$ des longueurs des éclisses ; on peut donc écrire :

$$\frac{Pl}{P_1 l_1} = \frac{\varepsilon h^2}{\varepsilon_1 h_1^2} ;$$

d'où

$$\frac{\varepsilon_1}{\varepsilon} = \frac{P_1}{P} \times \frac{l_1}{l} \times \frac{h^2}{h_1^2}.$$

Mais, d'après l'équation (7), si l'on suppose que les écartements L et L_1 des traverses sont les mêmes, on a :

$$\frac{P_1}{P} = \frac{1}{K^3}.$$

D'autre part, le rapport $\dfrac{h}{h_1}$ est égal à K ; on a donc :

$$\frac{\varepsilon_1}{\varepsilon} = \frac{l_1}{lK},$$

d'où

$$\varepsilon_1 = \frac{\varepsilon}{l} \times \frac{l_1}{K}.$$

Or,

$$\frac{\varepsilon}{l} = \frac{0,018}{0,510} = \frac{18}{510} = 0,035 ;$$

donc

$$\varepsilon_1 = 0,035 \frac{l_1}{K}. \tag{11}$$

Nous admettrons le chiffre de $0^m,210$ pour la longueur de toutes les éclisses à appliquer aux chemins de fer forestiers ; c'est la valeur adoptée par la maison de Wendel, d'Hayange (Lorraine).

En appliquant l'équation (11) à l'exemple que nous avons choisi, nous trouverons :

$$\varepsilon_1 = 0,035 \times \frac{0^m,210}{1,842} = 0^m,004.$$

Une éclisse d'une aussi faible épaisseur ne maintiendrait pas suffisamment les rails qu'elle a pour fonction de réunir. Aussi conseillons-nous, pour rester d'accord avec la fabrication courante, de doubler les chiffres qui sont donnés par le calcul qui précède. C'est d'après ces considérations qu'a été construite la figure 3. La théorie que nous venons de développer n'aura pas d'ailleurs été inutile, car elle nous montre qu'en adoptant la règle rectificative que nous venons d'émettre, nous nous trouverons dans des conditions de sécurité parfaites en ce qui concerne la résistance.

Dans les premiers essais d'éclissage, on profilait les éclisses suivant la forme exacte de la gorge dans laquelle elles devaient se loger. Or le contact de deux surfaces d'une certaine étendue est assez difficile à réaliser dans la pratique, surtout si la forme en est quelque peu compliquée ; et, en général, il convient de ne pas chercher à atteindre ce résultat, parce qu'en le poursuivant, on s'expose à perdre la certitude du contact sur les points où il est indispensable.

Dans le cas qui nous occupe, cette recherche aurait encore pour inconvénient de conduire à une forme d'éclisse renflée au milieu. Le contact essentiel pour les éclisses, c'est celui du champignon et du patin ; il faut l'établir exactement et ne pas en chercher entre l'éclisse et l'âme.

Les trous dont l'éclisse est percée doivent être suffisants pour laisser le passage libre aux boulons avec un certain jeu ; ce jeu est surtout essentiel dans le rail pour permettre la dilatation ; sur la figure 3 il est égal à $1^{mm},5$ dans l'éclisse, et à 3 millimètres dans le rail.

Il nous reste, pour terminer cette question, à calculer le diamètre à donner aux boulons.

Si l'angle ABC de l'épaulement du rail avec l'horizontale ne dépassait pas l'angle de frottement de l'acier sur l'acier, les boulons n'auraient pas d'autre effort à supporter que celui du serrage qu'on leur donne. Mais comme le premier angle est supérieur au second, le rail s'enfoncerait entre ses éclisses, si les boulons n'avaient pour effet de s'opposer à l'écartement de ces dernières.

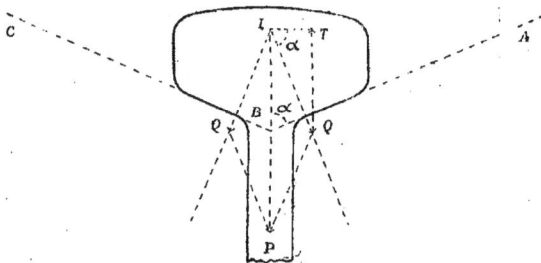

Fig. 4

Soit P la charge verticale d'un rail et α l'angle de la direction de cette charge avec la surface d'épaulement (fig. 4). La charge P se transmet aux éclisses en se décomposant en deux forces normales aux surfaces de portée ; en désignant par Q l'une de ces forces, on a :

$$\frac{Q}{P} = \frac{\cos \alpha}{\sin 2\alpha} = \frac{1}{2 \sin \alpha}.$$

Car le triangle IQP est isocèle et l'angle en P égal à 90° — α. On en tire :

$$Q = \frac{P}{2 \sin \alpha}.$$

C'est la composante horizontale IT de cette force qui représenterait l'effort de tension à fournir par le boulon, si cet effort n'était diminué par le frottement à vaincre à la surface du contact ; cette composante horizontale est égale à Q cos α, c'est-à-dire à $\frac{P}{2 \, \text{tg} \, \alpha}$. Quant au frotte-ment, il est égal, comme on le sait, à la composante normale Q multi-pliée par le coefficient de frottement f, c'est-à-dire à $\frac{P \, f}{2 \sin \alpha}$ et sa com-posante horizontale est

$$\frac{Pf}{2 \sin \alpha} \times \sin \alpha = \frac{Pf}{2}.$$

L'effort de tension à demander au boulon est donc :

$$\frac{P}{2}\left(\frac{1}{\text{tg} \, \alpha} - f\right).$$

Si d est le diamètre du boulon, l'effort par unité de surface est :

$$\frac{2\,P}{\pi d^{2}}\left(\frac{1}{\text{tg} \, \alpha} - f\right).$$

Pour une autre charge P_1, et avec un diamètre de boulon d_1, l'effort par unité de surface sera, toutes choses égales d'ailleurs :

$$\frac{2\,P_1}{\pi d_1^{2}}\left(\frac{1}{\text{tg} \, \alpha} - f\right)$$

et si l'on veut que l'effort, par unité de surface, soit le même sur les deux boulons, on aura, en égalant les deux équations précédentes et en supprimant les termes semblables :

$$\frac{P}{d^{2}} = \frac{P_1}{d_1^{2}}$$

et par suite

$$d_1^{2} = d^{2}\,\frac{P_1}{P}. \qquad\qquad (12)$$

Sur la ligne de l'Est, les boulons du rail Vignole de 30 kilogr. ont 23 millimètres de diamètre. — Pour l'exemple de la figure 3 où $\frac{P}{P_1} = 6,25$, on aura :

$$d_1 = \frac{23^{mm}}{2,5} = 10^{mm} \text{ environ.}$$

Dans la pratique, on ne descend guère au-dessous de ce chiffre.

Les boulons doivent être, en général, au nombre de 4 par paires d'éclisses. Leur tête est ronde et se place à l'intérieur de la voie. Cette disposition est nécessaire pour éviter que les boudins des roues ne rencontrent les écrous plus saillants des boulons lorsque les champignons des rails sont usés.

Pour que les boulons ne tournent pas pendant le serrage, ils portent, près de la tête, une saillie qui s'engage dans un vide ménagé dans la paroi du trou de l'éclisse (*fig. 5*).

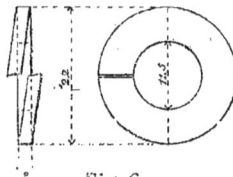

Fig. 5   Fig. 6

Les écrous s'appliquent contre l'éclisse extérieure par l'intermédiaire d'une rondelle en acier, dite Grower, qui est fendue suivant un rayon (*fig. 6*) et dont les deux rebords produits par cette fente sont écartés en sens inverse, de manière à former ressort sous l'action du serrage.

2° *Voies transportables.*

Chacun connaît le système de jonction adopté par la maison Decauville : un des bouts, appelé *bout mâle*, est armé d'éclisses rivées sur un seul côté du rail ; en poussant ce bout mâle dans la gorge du rail déjà en place, appelé *bout femelle*, on obtient un joint solide et facilement démontable. (Voir le Catalogue illustré de la maison Decauville.)

Cette disposition, que l'on pourrait appeler jonction à *armatures parallèles*, présente un très grand avantage, celui d'une pose très rapide ; mais il offre aussi un inconvénient provenant de ce que, dans les alignements courbes, les bouts courbés ne peuvent servir indifféremment à droite ou à gauche.

Pour obvier à cet inconvénient, M. Decauville a imaginé ce qu'il appelle la voie hybride, que l'on pourrait également désigner sous le nom de jonction à *armatures en diagonale*. A cet effet, le constructeur

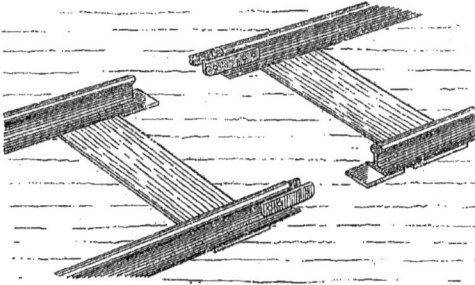

Fig. 7

(*fig.* 7) a rendu chaque bout de voie mâle et femelle, c'est-à-dire que le rail de droite est garni d'une jonction mâle formée par deux éclisses rivées et le rail de gauche d'une jonction femelle, formée par un bout de fer plat rivé sous le rail, et qui le dépasse de 3 centimètres.

Il est facile de voir qu'avec ce système l'emboîtement d'une travée avec la précédente peut se faire indifféremment par un bout ou par l'autre, ce qui supprime l'inconvénient signalé précédemment ; mais il exige, pour la pose, deux hommes au lieu d'un seul, le second ouvrier ayant pour fonction de soulever légèrement le bout déjà posé, ou de dégager la terre sous le bout mâle.

La voie Decauville est excellente sur des terrains plats ou peu inclinés ; mais elle deviendrait insuffisante sur des terrains à forte pente ; les rails n'étant pas solidement reliés entre eux, il pourrait se produire, sous l'influence des véhicules chargés, un déplacement dans le sens de la longueur. Il y a donc lieu de chercher un système de jonction capable de s'opposer à ce mouvement longitudinal, tout en restant dans les conditions de pose facile et expéditive. Nous donnons ci-dessous la description succincte de deux appareils qui sont appliqués sur les petits chemins de fer des forêts d'Alsace-Lorraine.

Dans le premier système, l'armature se compose, comme dans la voie hybride de la maison Decauville, de deux éclisses fortement boulonnées à l'extrémité d'un rail (fig. 8). Dans la partie libre de l'une des éclisses AB on a pratiqué un trou qui, rond vers l'extérieur

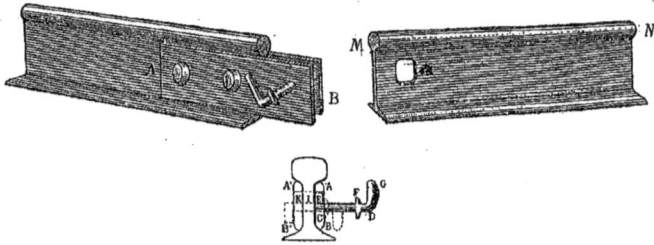

Fig. 8

sur une faible partie de l'épaisseur, devient ovale à l'intérieur, afin de permettre l'introduction d'une clef CD dont la barbe E puisse être rendue prisonnière dans l'intérieur de l'éclisse ; avec cette disposition, la clef ne peut pas se perdre pendant le transport des travées. L'autre

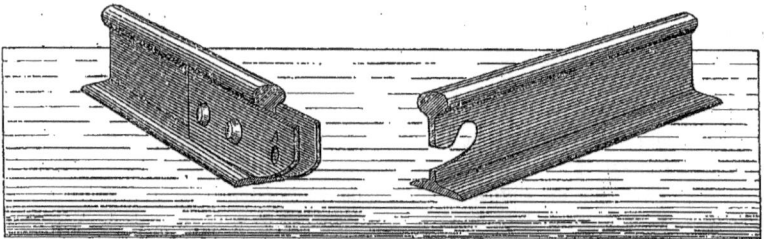

Fig. 9

éclisse et l'extrémité du rail MN portent des trous ovales K et I semblables ; et une fois que ce dernier est introduit entre les deux éclisses AB et A'B', un simple coup porté dans la direction de la tige CD chasse l'ergot E en dehors de l'éclisse A'B' et vient appliquer, avec un certain jeu, l'embase F contre l'éclisse AB ; la clef devenant libre, décrit, sous l'influence de la pesanteur, une demi-révolution et prend la position indiquée par les traits pointillés. Cette jonction se fait rapidement, et elle est solide.

Dans le deuxième système (*fig. 9*), la clef est remplacée par une tige A parallèle aux boulons qui relient le rail aux éclisses et elle est fixée solidement à celles-ci. A l'extrémité du rail correspondant est pratiquée une échancrure dans laquelle vient s'engager la tige A. Cette échancrure est disposée de telle façon qu'une fois la jonction obtenue, la séparation ne peut être produite que par un mouvement en courbe de la travée munie de l'armature. Pour faciliter ce mouvement, qui est également nécessaire pour l'accrochement, les éclisses sont arrondies à la partie inférieure, tandis qu'au contraire la surface CD qui doit s'appuyer sur la tête du rail voisin reste absolument intacte, afin d'assurer une bonne liaison. La pose de cette voie est très rapide, et elle a donné jusqu'alors de très bons résultats.

IV. — Longueur de la travée.

Il n'est pas possible de donner des règles absolues en ce qui concerne la longueur à donner aux travées, c'est-à-dire la distance qui sépare deux joints.

Pour les voies forestières, cette longueur doit, à notre sens, être calculée de telle façon que le poids de la travée, si elle est d'un seul morceau, ou celui de la pièce la plus lourde, si elle est décomposable, ne dépasse pas l'effort permanent que l'on peut exiger d'un homme de force moyenne, c'est-à-dire 40 à 45 kilogr.

D'après ce principe, la longueur de la travée pourra varier de 5 à 7 mètres, suivant que le poids du mètre linéaire de rails variera de 9 à 6 kilogr.

Dans les voies transportables, où la travée est d'une seule pièce, la longueur de cette travée pourra varier de 2 à 3 mètres suivant le profil des rails et des traverses.

M. Decauville construit des travées de 5 mètres qui, sur des voies de 0,50 ou 0,60, ne pèsent que 85 ou 90 kilogr. et peuvent être facilement portées par deux ouvriers ; mais l'emploi de ces travées rend la pose plus dispendieuse.

Tout ce qui précède ne concerne que les travées droites ; la longueur des travées courbes dépend du rayon de courbure ; elle peut varier, dans les voies transportables, depuis 0^m,50 jusqu'à 2^m,50. Dans les voies fixes, cette longueur dépend surtout de l'élasticité du métal employé, et pour de grands rayons elle peut atteindre celle des travées droites.

Quelques fabricants allemands, après avoir déterminé la longueur

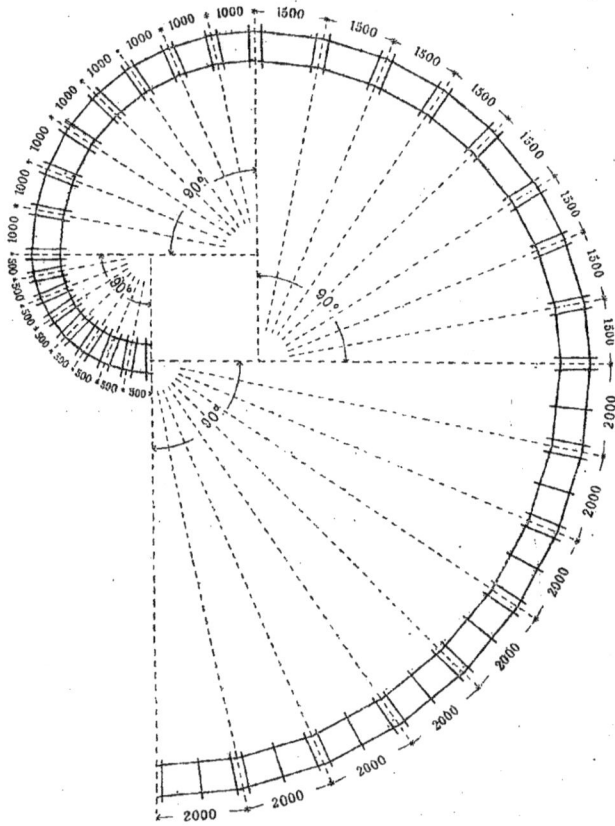

Fig. 10

à donner aux travées courbes, choisissent les rayons de courbure de telle façon qu'un nombre rond de portées soit nécessaire pour établir des arcs correspondant à des angles au centre de 45°, 90°, 180°. La figure 10 donne une idée de ce genre de construction ; elle indique graphiquement les rayons de courbure à adopter pour que des arcs de 90° puissent être formés avec 8 travées ayant successivement les longueurs de 0^m,50, 1 mètre, 1^m,50 et 2 mètres. Pour des angles de 45°, le nombre des portées est de 4 ; pour des angles de 180°, il est de 16, et ainsi de suite. Grâce à cette disposition, le travail de l'ouvrier chargé d'établir les courbes se trouve considérablement diminué.

CHAPITRE II

Des traverses.

I. — LES TRAVERSES DOIVENT-ELLES ÊTRE EN BOIS OU EN FER ?

Les grandes compagnies de chemins de fer ayant adopté partout des traverses en bois, il semble évident qu'à *fortiori,* dans les voies forestières *fixes*, les traverses métalliques doivent être généralement exclues ; car, à moins de circonstances tout à fait exceptionnelles, on trouvera toujours, non loin de l'emplacement choisi, le bois nécessaire à la confection des supports des rails.

La question n'est pas aussi claire quand il s'agit de voies mobiles. Dans ce cas, les travées étant fournies de toutes pièces par le constructeur, il y a lieu de se demander lequel est le meilleur, du bois ou du fer, pour la confection des traverses.

En faveur du fer on peut donner les arguments suivants :

1° Les traverses métalliques sont moins exposées que les traverses en bois à l'influence des agents atmosphériques ; celles-ci travaillent sans cesse et se fendent souvent dans le sens de la longueur; elles sont, par suite, moins durables que les autres ;

2° Les traverses de bois, même lorsqu'elles sont fortifiées, dans la direction de la voie, par des boulons qui les traversent, supportent beaucoup moins que les traverses de fer les influences anormales produites par les racines, par des soulèvements du sol, des dépressions....; sous ces influences elles se fendent dans le sens longitudinal, et même quelquefois dans le sens transversal quand elles ne reposent sur le sol que par le milieu. Les traverses de fer, au contraire, restent intactes, ou ne subissent qu'une flèche insignifiante qu'il est facile de faire disparaître soit par le marteau, soit par une courbure en sens contraire ;

3° Sous l'influence des alternatives de sécheresse et d'humidité, les traverses en bois subissent de constants changements de volume. Il en résulte qu'il est difficile d'obtenir un assujettissement solide et durable des rails sur leurs supports et qu'il faut remplacer à chaque instant les clous d'attache ; les rails finissent par se courber, ce qui exige des réparations importantes ; et, en définitive, la voie sur traverses en bois devient plus coûteuse que la voie à traverses de fer, principalement dans le cas de grande circulation et de fréquents changements de place.

En faveur de la traverse en bois on peut faire valoir, au contraire, les raisons suivantes :

1° Elles sont plus légères et plus faciles à remplacer que les traverses métalliques. Par suite de leur élasticité, elles offrent une meilleure résistance à une pression qui s'exerce simultanément aux deux extrémités ; sous l'influence de cette pression, les traverses métalliques se courbent, et conservent leur courbure dans la plupart des cas, ce qui peut donner lieu à des déraillements ;

2° La gelée fait très souvent éclater les rivets qui relient les rails aux traverses métalliques ;

3° Le déplacement de la voie sur traverses en fer exige plus de temps, surtout pendant les grands froids, car le fer adhère au sol plus fortement que le bois.

En ce qui concerne la question des frais d'installation et d'entretien, l'avantage est en faveur de la traverse en fer ; celle-ci, en effet, ne coûte pas beaucoup plus cher que l'autre et dure deux fois plus de temps ; de plus, quand elle est mise au rebut, elle conserve encore 1/5 ou 1/6 de sa valeur primitive, tandis que la traverse en bois, une fois hors d'usage, est à rejeter complètement.

Il n'a pas encore été fait un assez grand nombre d'expériences pour que l'on puisse se prononcer nettement sur la question qui nous occupe. Nous pouvons dire cependant qu'il faudra préférer les traverses en fer dans les coupes et dans les endroits où l'exploitation changera souvent de place ; il faudra les préférer également sur les sols défectueux. On devra choisir, au contraire, la traverse en bois dans les sols favorables, dans les climats où l'hiver est très rigoureux, dans les endroits où la voie sera destinée à rester quelque temps à la même place, enfin lorsque le propriétaire de la forêt pourra mettre, dans de bonnes conditions, à la disposition du fabricant, le bois nécessaire à la construction.

II. — ESSENCES A EMPLOYER POUR LES TRAVERSES EN BOIS.
PRÉPARATION.

Il y a lieu d'employer, pour les traverses en bois, trois essences principales : le chêne, le hêtre et le pin ; on peut employer à la rigueur du sapin ou du mélèze, mais seulement dans le cas où l'on ne peut se procurer que très difficilement l'une des trois premières essences.

De tous les bois acclimatés en France, le chêne est celui qui résiste le mieux aux variations de climat. Comme c'est aussi le plus dur, il fournit une attache plus solide que les autres. Sa rigidité répartit plus également les pressions sur le sol et donne, par ce fait même, plus de solidité à la voie. On peut l'employer sans aucune préparation.

Le hêtre, quoique moins dur que le chêne, présente cependant des conditions de résistance convenables ; mais, à l'état naturel, il se décompose avec une rapidité extrême, et ne peut être employé qu'après une préparation spéciale destinée à neutraliser les principes de décomposition qu'il contient.

Le pin est moins dur que le hêtre ; il se conserve mieux à l'état naturel, mais pas assez bien pour pouvoir être avantageusement employé sans préparation.

On s'est servi, en Alsace-Lorraine, pour la préparation des traverses des petits chemins de fer forestiers, du *Carbolineum avenarius,* livré par M. Vallet, de Lorquin. C'est un produit extrêmement économique qui, depuis quelques années, a donné les meilleurs résultats pour la conservation du bois, ce qui l'a fait adopter par le Génie militaire pour la plupart des baraquements des trois départements de Meurthe-et-Moselle, Meuse et Vosges. L'emploi de ce produit ne nécessite aucune installation onéreuse ; il suffit d'une chaudière rectangulaire de dimensions un peu supérieures à celles des traverses et facilement transportable au moyen de deux poignées. Cette petite chaudière étant placée sur deux pierres à proximité d'une pile de traverses, deux ouvriers plongent successivement ces traverses dans le liquide que l'on peut faire chauffer sans danger, avec quelques débris, jusqu'à la température de 100 degrés.

Cette préparation ne coûte pas plus de 0,15 par mètre carré.

La durée des traverses en chêne est de 12 à 15 ans.

Le pin dure 5 à 6 ans dans les pays froids et secs, 2 ans seulement dans les pays chauds et humides. Préparé, il atteint une durée de 9 à 10 ans.

Le hêtre non préparé, comme nous l'avons dit tout à l'heure, ne dure que très peu de temps ; il se trouve hors de service après 3 ou 4 ans. Préparé, il peut se conserver 9 à 12 ans.

Lorsqu'on aura à faire l'étude d'une voie forestière destinée à demeurer longtemps sur place, on cherchera, si l'on veut rester sur le terrain économique, quelle est l'essence la plus favorable en mettant en regard la dépense d'installation et la valeur du capital correspondant au renouvellement périodique de cette dépense.

En désignant par A la dépense d'installation et par n la durée probable de la traverse, on cherchera, pour chaque essence à employer, la valeur $A + \dfrac{A}{(1 + t)^n - 1}$, et l'on choisira celle pour laquelle cette valeur est la plus faible.

Exemple. — Une traverse en chêne vaut 0,50 rendue posée et est renouvelable tous les 15 ans. Une traverse de pin coûtera 0,30 et est à renouveler tous les 10 ans.

On aura, en prenant le taux de 5 p. 100 :

$$\text{Pour le chêne } A + \frac{A}{(1 + t)^n - 1} = 0,50 + \frac{0,50}{1,05^{15} - 1} = 0,96.$$

$$\text{Pour le pin } A + \frac{A}{(1 + t)^n - 1} = 0,30 + \frac{0,30}{1,05^{10} - 1} = 0,78.$$

La traverse de pin est préférable au point de vue économique.

Sur les voies secondaires qui ne doivent rester en place que quelques années, il sera généralement plus avantageux de se servir de traverses de hêtre et de pin.

III. — FORMES ET DIMENSIONS DES TRAVERSES.
LARGEUR DE LA VOIE.

On admet généralement que la largeur des voies forestières doit être de 0^m,60. Il peut se présenter cependant des cas où il est plus avantageux d'augmenter cette largeur, lorsque, par exemple, on veut se réserver la possibilité de faire des chargements plus considérables, avec une égale sécurité dans l'exploitation.

Il va de soi que la hauteur x et la largeur y du chargement sont proportionnelles à la largeur de la voie ; d'un autre côté, il est bien évident qu'une faible différence dans l'espacement des rails n'influe en rien sur la hauteur du wagonnet, que je suppose égale à $0^m,60$ (*fig. 11*).

Cela posé, je comparerai deux voies dont les largeurs sont de $0^m,60$ et de $0^m,70$; et j'appellerai K et K′ les rapports de la hauteur et de la largeur du chargement à la largeur de la voie.

Sur une voie de $0^m,60$, la section transversale du chargement, qui est représentée sur la figure par le rectangle ABCD, sera égale à $(K \times 0,60 - 0,60)$ $K′ \times 0,60$; sur une voie de $0,70$, la même

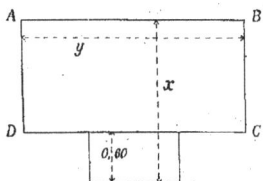

Fig. 11

section aura pour valeur $(K \times 0,70 - 0,60)$ $K′ \times 0,70$, et le rapport de ces deux surfaces sera exprimée par la fraction :

$$\frac{(K \times 0,60 - 0,60) \times 0,60}{(K \times 0,70 - 0,60) \times 0,70}.$$

En supposant, pour fixer les idées, que la hauteur x du chargement soit trois fois plus grande que la hauteur du wagonnet, c'est-à-dire que le facteur K soit égal à 3, le rapport précédent deviendra :

$$\frac{(3 \times 0,60 - 0,60) \times 0,60}{(3 \times 0,70 - 0,60) \times 0,70} = \frac{0,72}{0,105} = \frac{2}{3} \text{ environ.}$$

Ainsi, dans le cas particulier que je viens d'examiner, les coupes transversales, et par suite les chargements possibles, à égalité de sécurité dans l'exploitation, sont à peu près dans le rapport de 2 à 3.

Dans le transport des bois longs, la hauteur et la largeur du chargement ne jouent qu'un rôle secondaire, car toute la force portative des wagons peut être utilisée avec un chargement dont la section transversale est relativement faible; mais il en est autrement lorsqu'il s'agit surtout de bois de feu, ou bien quand le bois d'industrie est le plus souvent transporté sous forme de billes de sciage ou de planches. Dans ce dernier cas, il y aura lieu de rechercher s'il n'est pas avantageux d'employer une voie supérieure à $0^m,60$.

La voie de $0^m,70$ est appliquée sur le chemin de fer établi dans les forêts voisines d'Abreschwiller et dont il a été déjà parlé dans le chapitre Ier de cette étude. La hauteur du chargement est de $1^m,30$ et la largeur de $1^m,10$ environ. Si la largeur de la voie n'était que de $0^m,60$, ces deux dimensions ne pourraient être, à égalité de sécurité, que de

$1,30 \times \dfrac{6}{7} = 1,12$ et de $1,10 \times \dfrac{6}{7} = 0,94$, et le rapport des sections transversales serait :

$$\frac{(1,12 - 0,60) \times 0,94}{(1,30 - 0,60) \times 1,10} = 0,62.$$

On ne pourrait donc charger que les 0,62 de ce que l'on conduit actuellement. En second lieu, l'on serait obligé d'avoir un matériel roulant plus important ; et enfin il faudrait transporter, aller et retour, la moitié en plus du poids mort.

La largeur de la voie étant réglée, il s'agit de déterminer la longueur à donner aux traverses. Une traverse trop petite se déchausse par les vibrations et manque de solidité ; une traverse trop longue devient plus difficile à appliquer bien exactement sur le sol, et l'excédent de longueur ne sert à rien.

Sur les lignes de chemins de fer, dont la largeur de voie est de $1^m,45$, on donne aux traverses une longueur de $2^m,60$ en moyenne. Nous resterons à peu près dans les mêmes proportions en donnant à nos traverses 1 mètre et $1^m,10$ de longueur, suivant que la largeur de la voie sera de $0^m,60$ ou de $0^m,70$.

La largeur de la traverse doit être suffisante pour que la surface d'appui sur le sol ne transmette pas à ce dernier une trop forte pression. Nous déterminerons cette largeur en nous basant sur les types admis par les grandes compagnies, comme nous l'avons fait jusqu'alors. La largeur adoptée par ces compagnies étant de 28 centimètres en moyenne, la surface d'appui est égale à $260 \times 28 = 7,280$ centimètres carrés, et elle correspond à une charge de 12,500 kilogr. par essieu. Si nos wagonnets doivent avoir une force portative de 4,000 kilogr., ce qui fait 2,000 kilogr. par essieu, et si nous désignons par x la surface d'appui nécessaire pour que la pression transmise au sol soit la même, nous aurons la proportion :

$$\frac{x}{7,280} = \frac{2,000}{12,500} = \frac{1}{6,25},$$

d'où

$$x = \frac{7,280}{6,25} = 1\,165^{cq}.$$

Si donc la longueur de la traverse est égale à 100 centimètres, sa largeur devra être égale à $11^c,65$, soit $0^m,12$ en chiffres ronds.

Le nombre que nous venons de trouver n'est qu'un chiffre moyen ;

il faudra l'augmenter ou le diminuer un peu suivant que la résistance du sol pourra être considérée comme étant au-dessous ou au-dessus de la moyenne.

Quant à l'épaisseur, nous suivrons le même procédé de calcul, en nous imposant la condition de donner à nos traverses une résistance égale à celles des lignes de chemins de fer. La section transversale d'une de ces dernières étant, en moyenne, de 280 millimètres $\times$ 135 millimètres = 37,800 millimètres carrés, celle de nos traverses devra être, pour une force portative de wagonnets égale à 4,000 kilogr., de $\dfrac{37,800}{6,25}$ = 6,048 millimètres carrés ; et la largeur étant de 120 millimètres, on en conclut que l'épaisseur doit être de $\dfrac{6,048}{120}$ = 50 millimètres environ. Une épaisseur de $0^m,05$ pour les traverses en bois est donc suffisante au point de vue de la résistance. Nous verrons, dans le paragraphe suivant, qu'on est obligé de prendre un chiffre supérieur dans la plupart des cas.

Le coefficient de résistance permanente à la compression étant dix fois plus considérable dans le fer que dans le bois le plus résistant, on devra, si l'on emploie des traverses métalliques, leur donner, pour une force portative de 4,000 kilogr. par wagonnet, une épaisseur d'environ 5 millimètres.

Sur les voies mobiles allemandes les traverses métalliques ont la forme d'une auge renversée ; cette disposition a pour but d'empêcher le ripement de la voie. D'autre part, M. Decauville donne à ses traverses une forme particulière représentée par la figure 12, qui est

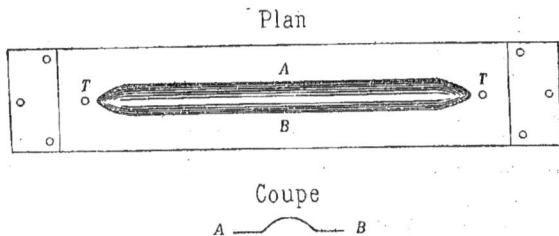

Fig. 12

tirée de son album. C'est une traverse emboutie en acier, qui donne à la voie une très grande stabilité.

Si, dans les voies fixes, les traverses sont en chêne, il faudra, autant que possible, les équarrir suivant les dimensions qui auront été adoptées. Cet équarrissage, qui est toujours une bonne opération en elle-même pour l'usage de la traverse, a pour but de la débarrasser de l'aubier.

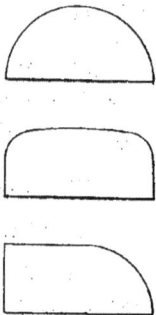

Pour le hêtre et le pin, on ne peut pas songer à rejeter l'aubier, qui forme la plus grande partie de la section de l'arbre. Du reste, cela n'a pas d'inconvénient, si l'on a soin de faire subir aux traverses la préparation dont il a été parlé plus haut.

On peut alors admettre des traverses demi-rondes, trapézoïdales ou demi-trapézoïdales comme le montre la figure 13, ce qui donne de grandes facilités pour l'exploitation du bois.

Avec ces différentes formes, l'épaisseur à adopter devient un peu plus grande, la largeur à la base devant rester la même que dans le cas d'une section rectangulaire.

Fig. 13

IV. — Système d'attache des rails sur les traverses.

Les rails peuvent être fixés sur les traverses en bois soit par des crampons, soit par des tire-fonds. Les crampons sont de gros clous simples (*fig. 15*), les tire-fonds de gros clous à vis (*fig. 14*). Les uns et les autres se terminent par une tête saillante d'un seul côté pour porter sur le rail. Généralement les têtes des crampons sont munies d'oreilles sous lesquelles on engage un levier pour les arracher lorsque c'est nécessaire.

Les crampons pourraient être enfoncés à travers le patin du rail; mais il faudrait le percer, ce qui l'affaiblirait, ce qui aurait, en outre, l'inconvénient de ne laisser aucune liberté dans la répartition des traverses, et ce qui enfin diminuerait le levier de la résistance en favorisant le renversement du rail.

Au bout de chaque rail, sur la dernière traverse, les crampons doivent être engagés dans une encoche ménagée sur le bord du patin et doivent être inclinés de $\frac{1}{10}$ sur l'axe du rail; on s'oppose, de la sorte, à tout mouvement longitudinal.

Le rail, en fléchissant sous le poids de la roue, tend à soulever le crampon ; et cette tendance n'est combattue que par l'adhérence de ceux-ci dans leur trou, adhérence que le calcul a démontré être insuffisante. Mais lorsque les crampons sont soulevés, on les remet facilement en place par un simple coup de marteau ; c'est un entretien des plus faciles.

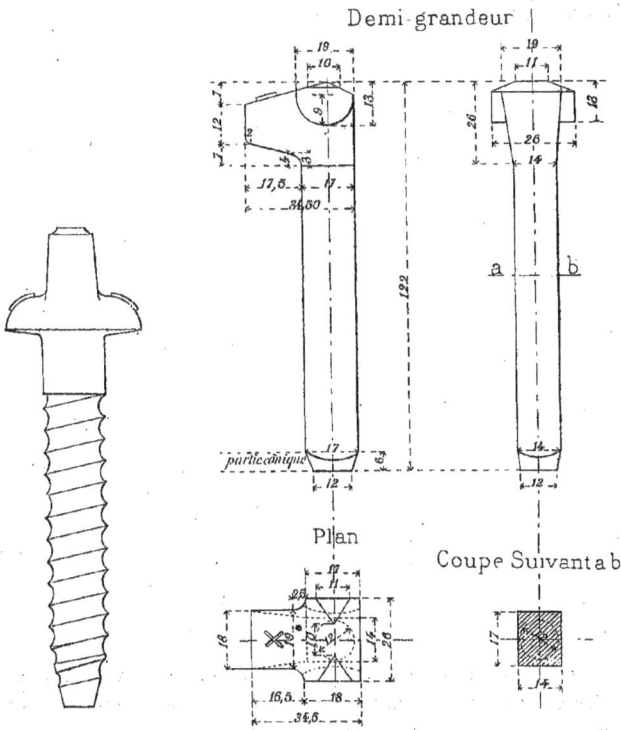

Fig. 14   Fig. 15

Les tire-fonds ne peuvent, pas plus que les crampons, résister au soulèvement ; et en se soulevant ils ont l'inconvénient de mâcher le bois sur toute la hauteur du trou ; celui-ci se trouvant agrandi, il en résulte un certain jeu latéral.

Par ces considérations nous croyons fermement que le crampon est le meilleur système d'attache pour les voies forestières fixes.

Avec des traverses de chêne et de hêtre, ce crampon suffit à empêcher le déplacement latéral. Si l'on craint qu'en employant des traverses de sapin ou de pin, les crampons n'écrasent les fibres du bois sous l'influence des efforts latéraux, on pourra en loger la partie supérieure dans une bague en fonte (*fig. 16*) imaginée par M. Desbrières et préalablement logée dans la traverse.

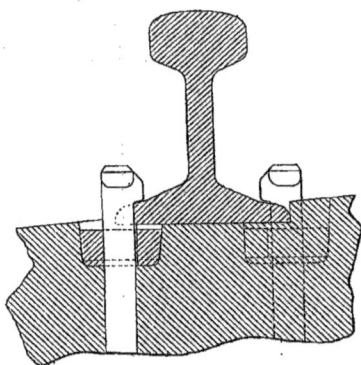

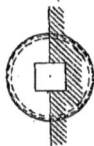

Demi-grandeur

Fig. 16

Plan

Coupe Suivant a b.

Fig. 17

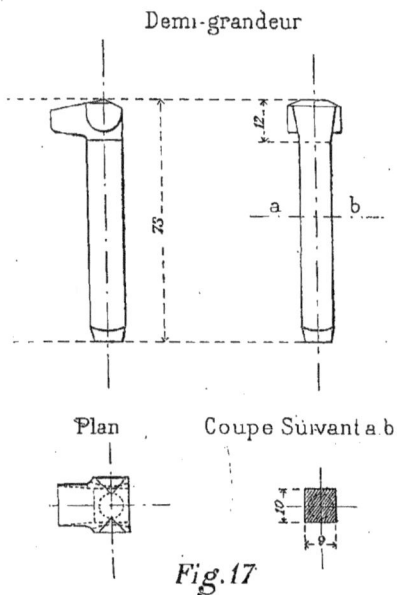

On peut déterminer les dimensions à donner aux crampons des voies forestières en se basant sur celles données aux crampons de nos grandes lignes de chemins de fer, et en s'inspirant de ce principe que l'adhérence soit la même dans les deux cas. On peut prendre comme modèle le crampon de la figure 15; c'est celui qui a été autrefois employé par la Compagnie de l'Est et qui depuis a été remplacé par le tire-fond.

Cette comparaison conduit au type représenté par la figure 17.

On peut aussi employer, pour les voies forestières, un autre genre de crampon muni d'un biseau sur un peu moins de la moitié de la longueur ; on lui donne généralement dans la partie supérieure une section carrée ; le type représenté par la figure 18 présente une surface d'adhérence à peu près égale à celle du type précédent.

Demi-grandeur

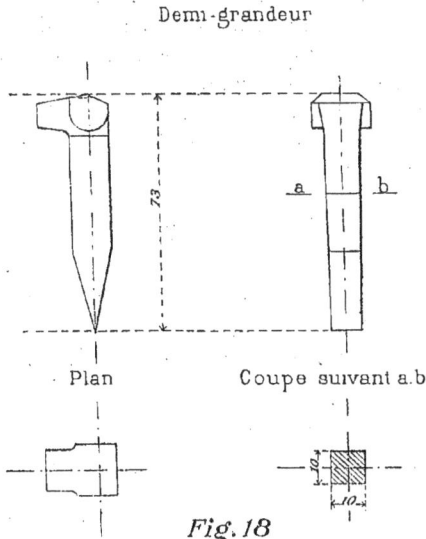

Plan   Coupe suivant a.b

Fig. 18

On pourrait diminuer la longueur du crampon en en augmentant la section ; mais une fois une longueur admise, il faudra donner à la traverse une épaisseur un peu plus grande.

C'est là le motif pour lequel, dans les voies fixes, on est obligé de donner aux traverses une épaisseur plus grande que celle qui est nécessaire au point de vue de la résistance du bois à la compression.

Dans les voies transportables, où il est absolument indispensable que les traverses soient légères, on leur donne l'épaisseur strictement nécessaire ; et, au lieu de crampons pour y fixer les rails, on se sert de boulons, dont les écrous sont en dessous de la surface inférieure des traverses.

Enfin sur les voies transportables à traverses métalliques, on fixe les rails soit à l'aide de rivets, soit à l'aide de boulons. Les avis sont encore partagés sur la question de savoir quel est le meilleur de ces deux systèmes d'attache. Les partisans des boulons disent que les rivets sautent facilement par la gelée et qu'à cause de la grande tension donnée à la tige du rivet, celui-ci résiste moins que le boulon, s'il se présente un surcroît imprévu d'effort ; ils ajoutent, avec raison du reste, qu'un boulon sauté est plus facile à remplacer qu'un rivet. Les partisans du rivet soutiennent qu'en employant de bons matériaux on n'a pas à craindre les inconvénients signalés, et que l'emploi des boulons exige plus souvent des réparations à cause de la rouille et du facile détachement de l'écrou.

Les voies mobiles de M. Decauville sont rivetées. L'opération du rivetage se fait à froid, dans des machines puissantes, avec de petits cylindres en fer de Suède ou en acier doux.

CHAPITRE III

Dispositions générales de la voie.

1. — Conséquences qui découlent de la différence existant entre le matériel ordinaire et celui des voies ferrées.

Considérons un véhicule roulant sur une route ordinaire, un chariot à quatre roues par exemple. Les essieux de ce chariot peuvent faire entre eux un angle quelconque ; les roues sont folles sur ces essieux et cylindriques ; enfin le véhicule peut tourner dans des courbes d'un rayon quelconque.

Dans le matériel roulant des voies ferrées, les roues devant être guidées pour rester constamment sur les rails, chacune d'elles est munie d'un mentonnet ou boudin que l'on place à l'intérieur de la voie. Quelquefois, mais plus rarement, la roue porte deux boudins qui emprisonnent le rail.

En second lieu, il est nécessaire que les essieux restent parallèles et que les roues soient calées sur les essieux. S'il en était autrement, il se produirait un certain nombre d'inconvénients que l'on peut résumer de la manière suivante : 1° à la moindre différence qui se produirait dans l'état des deux rails, à la moindre dissymétrie qui se présenterait dans l'effort de traction, l'un des essieux se mettrait en travers, et il pourrait en résulter un déraillement ; ou bien l'un des mentonnets se mettrait en contact avec le rail, la roue correspondante ne tournerait plus et commencerait à glisser pendant que l'autre con-

tinuerait à rouler, de là du frottement, des arrachements, des chocs ;
2° le calage des roues sur les essieux force celles-ci à tourner ensemble avec la même vitesse angulaire ; l'une des roues ne peut
donc glisser pendant que l'autre tourne ; or une roue, en glissant,
quitte la forme ronde pour prendre la forme polygonale et est bientôt
hors d'usage ; 3° enfin, si la roue était folle sur l'essieu, comme elle
est soumise à des vibrations et à des chocs perpétuels, la fusée et le
moyeu seraient bientôt usés, et il tendrait à se produire un jeu qui
pourrait devenir très dangereux.

Pour éviter les frottements et l'usure, et en même temps pour éco-
nomiser la force de traction, on donne un certain jeu à la voie, c'est-
à-dire que l'on fait la distance entre les deux parements intérieurs
du mentonnet un peu plus petite que la distance entre les deux faces
intérieures des champignons des rails. Malgré cela et malgré le calage
des roues, on ne peut pas empêcher que les mentonnets ne viennent
tour à tour frotter contre les rails. Pour éviter cet inconvénient, on
donne au bandage une forme conique, de telle sorte qu'il puisse,
comme nous le verrons tout à l'heure, revenir de lui-même à sa position moyenne quand il s'en écarte.

Le matériel des voies ferrées étant essentiellement rigide, ainsi
que nous venons de le montrer, la conicité du bandage et le jeu de la
voie facilitent le passage dans les courbes qui, sur certaines voies
forestières et notamment dans les vallées, peuvent être très nombreuses. Comme, d'un autre côté, les rayons de ces courbes peuvent être
très faibles, il y a lieu, dans certains cas, de donner un peu plus de
largeur à la voie.

La vitesse ne sera jamais très grande sur les chemins de fer forestiers ; mais comme les rayons des courbes sont, ainsi que nous venons
de le dire, quelquefois très courts, il faudra souvent donner une
surélévation au rail extérieur.

Enfin il y aura lieu de rattacher, dans bien des cas, la voie principale à des voies secondaires, pour la faire communiquer soit directement avec des coupes situées dans le voisinage, soit avec des chemins
de schlitte qui vont rejoindre des coupes plus éloignées, soit avec des
places de dépôt, soit avec des scieries.... Nous serons donc conduit à
étudier le meilleur procédé à employer pour raccorder deux voies.

L'examen de ces différentes questions fera l'objet des paragraphes
suivants.

II. — Jeu de la voie.

On calcule le jeu à donner à la voie par la condition que chaque wagonnet puisse être inscrit dans la courbe qui aura le plus faible rayon.

Considérons un wagonnet circulant sur une voie en alignement droit; désignons par J le jeu total à admettre, et admettons que le véhicule occupe sa position moyenne ABCD, c'est-à-dire que le jeu AE et DF de chaque côté des roues soit égal à $\frac{J}{2}$ (fig. 19).

Supposons maintenant que la voie se courbe à partir de la position qu'occupe le premier essieu; le rail extérieur se rapprochera du mentonnet du deuxième essieu. Donnons-nous pour limite la condition que le rail, prenant la position EG, atteigne ce mentonnet sans le dépasser, c'est-à-dire sans forcer le premier essieu à reculer; tout le jeu sera ainsi reporté du côté intérieur.

Appelons ρ le rayon de courbure OB déterminé par cette condition et d l'écartement des essieux, nous aurons, en supposant le point de contact du mentonnet sur l'axe de l'essieu, ce qui n'est pas tout à fait exact, mais ce qui n'entraîne pas une erreur sensible :

$$d^2 = \frac{1}{2} J \left(2\rho - \frac{1}{2} J \right);$$

comme J est très faible par rapport à ρ, on peut supprimer $\frac{1}{2}$ J devant 2ρ, et l'on a :

$$d^2 = \rho J, \tag{1}$$

d'où

$$J = \frac{d^2}{\rho}.$$

Si d est égal à 0,50, ce qui est à peu près l'écartement ordinaire des essieux des wagonnets forestiers, et si ρ est égal à 20 mètres, on aura :

$$J = \frac{0,25}{20} = 0^m,012.$$

Ainsi, dans ce cas particulier, avec un jeu de $0^m,012$ on pourra passer dans toutes les courbes ayant un rayon supérieur à 20 mètres.

L'équation fondamentale $d^2 = \rho J$ montre que plus le rayon de la courbe est petit, plus grand doit être le jeu, ou, en d'autres termes, que l'influence de la courbure sera d'autant moindre que le jeu de la voie sera plus grand.

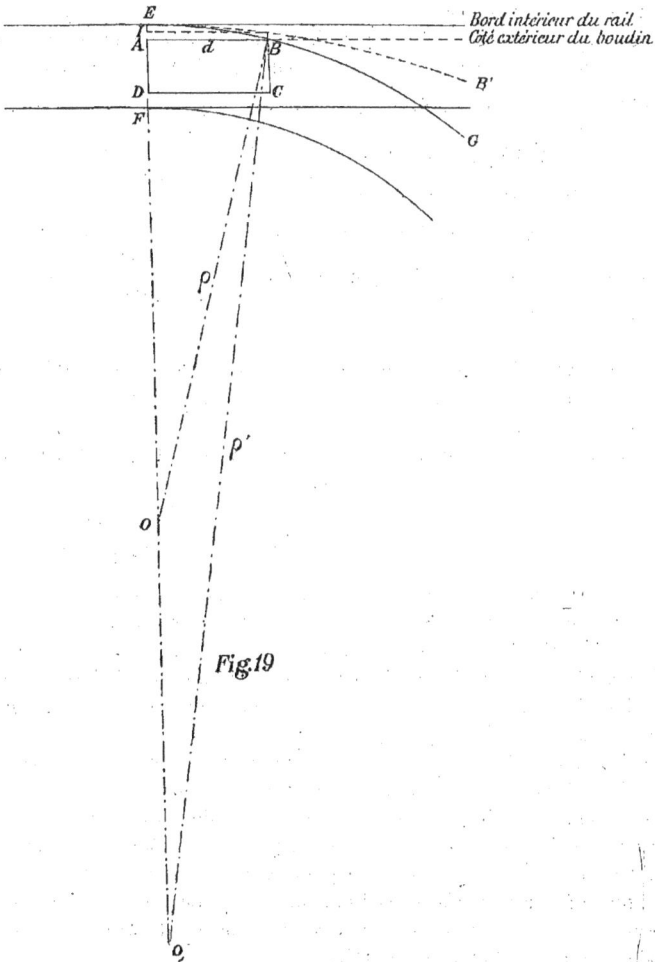

Fig.19

Cette conséquence a son application pratique tout indiquée. Si une plus forte courbure demande un jeu plus grand, il faudra, dans les partiescourbes du tracé, donner un excès d'écartement à la voie.

Il serait intéressant de savoir calculer quel serait l'élargissement variable à donner à la voie pour que le jeu restât constant, quel que soit le rayon de courbure.

Or, dans une courbe de rayon ρ', le jeu de la roue extérieure du deuxième essieu sera réduit de la quantité EI qui est sensiblement égale à $\dfrac{d^2}{2\rho'}$. Si nous voulons conserver, pour chaque roue, le même jeu qu'en alignement droit, il faudra élargir la voie de deux fois la quantité précédente, c'est-à-dire de $\dfrac{d^2}{\rho}$.

Ainsi, en conservant l'exemple cité tout à l'heure, il faudra, dans une courbe de 50 mètres de rayon, élargir la voie de $\dfrac{0,25}{50}$, c'est-à-dire de 5 millimètres.

Dans les courbes dont le rayon s'abaissera à 20 mètres, il faudra élargir la voie d'une quantité égale à J, c'est-à-dire de $0^m,012$; le jeu de la roue extérieure du deuxième essieu deviendra alors égal à $0^m,024$.

Il faudra tenir compte de cette circonstance dans la détermination de la largeur à donner au bandage des roues.

III. — DÉVERS DE LA VOIE ET CONICITÉ DES BANDAGES.

Il est d'usage de placer les rails dans une position non pas exactement verticale, mais légèrement inclinée à l'intérieur et par suite de donner à l'arête inférieure du bandage une position non pas horizontale mais inclinée sur le rail dans une direction normale à l'axe de ce dernier. La surface de ce bandage, au lieu d'être un cylindre, est alors un tronc de cône (*fig. 20*).

Si le bandage était cylindrique, rien ne réglerait, sur une portion de voie en ligne droite, la position du wagonnet, dans les limites du déplacement latéral que laisse le jeu de la voie. Au contraire, la moindre différence de niveau entre deux rails consécutifs, le moindre grain de sable rejetterait la roue d'un côté ou de l'autre, sans que rien tende à la ramener à sa position moyenne. La conséquence est une oscillation, qu'on appelle mouvement de lacet, et qui produit un frottement du mentonnet sur le rail.

On évite ces inconvénients par la conicité des bandages. Ce qu'on entend en réalité par conicité du bandage, c'est le demi-angle α au sommet du cône droit ayant pour axe celui de l'essieu et pour surface

le pourtour de la roue supposée prolongée dans l'espace. L'effet de
la conicité est de ramener le véhicule dans sa position moyenne ; car,
dès qu'il s'en écarte, les roues décrivent des circonférences inégales,
et il en résulte un frottement qui tend à le ramener dans cette position normale. Les avantages de la conicité sur une voie droite sont
donc la rectitude de la marche, et par suite la suppression du mouvement de lacet.

Cette conicité n'est pas moins utile dans les courbes ; le wagonnet
étant rejeté de côté par la force centrifuge, la roue qui est appuyée
contre le rail extérieur prend, par suite de cette conicité, un plus
grand rayon de roulement et corrige ou atténue ainsi l'inconvénient
qui résulte de la solidarité des roues, c'est-à-dire l'inégalité des
chemins parcourus.

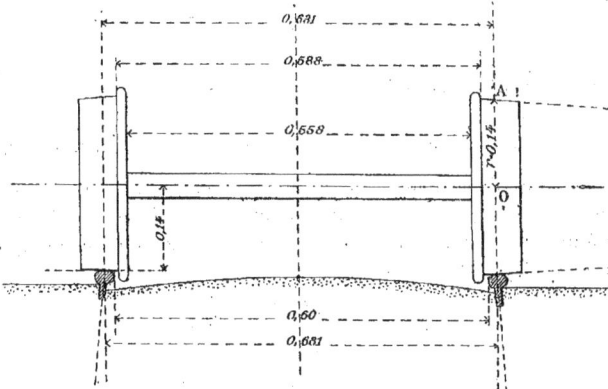

Fig. 20

Il est facile de calculer la relation qui devrait exister entre l'angle
de conicité α avec l'horizontale, le jeu J de la voie, le rayon de courbure ρ de l'axe de la voie et le rayon moyen r de la roue, qui est représenté par OA sur la figure 20.

Si le mentonnet s'applique contre le rail, le véhicule éprouvant,
par rapport à sa position moyenne, un déplacement $\frac{J}{2}$, le bandage
éprouve le même déplacement ; le centre de la roue se relève de $\frac{\alpha J}{2}$
et le rayon de roulement devient $r + \frac{\alpha J}{2}$.

Du côté intérieur, le rayon de roulement est $r - \dfrac{\alpha J}{2}$.

Pour que tout frottement disparaisse, il faut que ces deux rayons de roulement soient dans le même rapport que les chemins à parcourir, c'est-à-dire dans le même rapport que les rayons des rails extérieur et intérieur.

Si donc on désigne par e l'écartement de la voie d'axe en axe, on devra avoir :

$$\frac{\rho + \dfrac{e}{2}}{\rho - \dfrac{e}{2}} = \frac{r + \dfrac{\alpha J}{2}}{r - \dfrac{\alpha J}{2}}$$

d'où l'on tire :

$$\rho = \frac{er}{\alpha J} \qquad\qquad (2)$$

Sur les grandes lignes de chemins de fer on fait varier α de $\dfrac{1}{15}$ à $\dfrac{1}{20}$; en admettant ce premier chiffre, en faisant $J = 0{,}012$, $r = 0{,}14$, ce qui est la dimension généralement adoptée pour les roues des wagonnets employés dans les forêts, et $e = 0{,}631$, ce qui correspond à une largeur de voie de 0,60 et à une largeur de champignon de 0,031 (*voir fig. 3*), on trouve :

$$\rho = \frac{0{,}631 \times 0{,}14}{\dfrac{1}{15} \times 0{,}012} = 110^{\mathrm{m}}.$$

Cela veut dire que dans les courbes dont le rayon sera supérieur à 110 mètres, l'inégalité du parcours des roues sera compensée par la conicité des bandages. Si l'on voulait que cette compensation s'effectuât sur des courbes dont le rayon fût inférieur à 110 mètres, il faudrait augmenter soit la conicité, soit le jeu, soit les deux à la fois.

IV. — Surélévation du rail extérieur dans les courbes.
Raccordements paraboliques. — Table graphique.

Lorsqu'un véhicule de chemin de fer pesant un poids P parcourt une courbe de rayon R avec une vitesse constante V, il tend à chaque instant à s'échapper suivant la tangente et néanmoins est ramené dans la direction de l'élément suivant de la courbe ; ce mouvement contraire donne naissance à une force centrifuge qui, comme on le sait, a pour valeur le produit de la masse par le carré de la vitesse divisé par le rayon de courbure, c'est-à-dire :

$$\frac{P}{g} \cdot \frac{V^2}{R},$$

g étant l'accélération due à la pesanteur.

Or nous avons vu tout à l'heure que, pour réaliser le mouvement conique, la roue extérieure s'élève sur son rail, tandis que la roue intérieure descend sur le sien ; le véhicule s'incline donc, les réactions sur les deux rails ne sont plus égales, et de leur inégalité naît une force centripète, c'est-à-dire une force dirigée vers le centre de courbure.

Cette force centripète développée par la conicité vient en déduction de la force centrifuge et peut même l'annuler si la vitesse est faible et la courbe douce ; mais elle devient insuffisante avec une grande vitesse et un faible rayon de courbure. Dans ce cas l'on a recours à une disposition qui, tout en reposant sur le même principe, offre un moyen d'action beaucoup plus énergique ; elle consiste à surélever le rail extérieur par rapport au rail intérieur. On place ainsi le véhicule sur un plan assez incliné pour que la composante de la gravité détruise la force centrifuge.

Si nous appelons h le surélèvement à donner au rail extérieur, et l la largeur de la voie, $\frac{h}{l}$ sera la tan-

gente de l'inclinaison α du plan incliné ; et le poids vertical P aura, suivant ce plan, une composante égale à
P sin α (*fig. 21*) ou à $P\frac{h}{l}$, en remplaçant le sinus par la tangente (ce
qui est bien permis pour un angle
aussi petit).

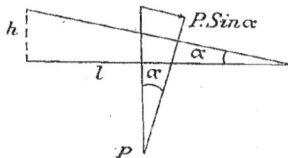

Fig. 21

Pour annuler la force centrifuge, il faudra donc que l'on ait :

$$\frac{Ph}{l} = \frac{PV^2}{gR},$$

d'où

$$h = \frac{l}{g} \cdot \frac{V^2}{R}. \tag{3}$$

Sur les lignes de chemins de fer on calcule h en donnant à V la valeur de la vitesse normale des trains les plus rapides ; il en résulte que pour les trains de petite vitesse, cette valeur se trouve trop forte, et le mentonnet presse le rail à l'intérieur. Dans les forêts, on sera dans de meilleures conditions ; la vitesse des trains sera toujours la même en un même point, puisqu'il ne s'agit ici que d'une seule nature de transport.

La valeur de h étant souvent de plusieurs centimètres, il faut nécessairement, pour racheter le surélèvement du point de tangence, recourir à un plan incliné qu'on peut placer soit complètement sur l'alignement droit, soit complètement sur la courbe, soit à cheval sur les deux.

C'est le premier procédé qui est le plus répandu ; on a essayé de donner au plan incliné une pente de 1 p. 100 ; mais, suivant M. l'ingénieur Nordling, cette manière de procéder offre plus d'un inconvénient. D'abord, au pied et au sommet du plan incliné, on retombe sur les angles saillants ou rentrants que l'on a proscrits du profil en long. En second lieu, le plan incliné constitue une surface gauche qui tend à tordre les véhicules. Enfin la voie affecte des formes bizarres et choquantes. Supposons, par exemple, un palier en ligne droite suivi d'une courbe en pente, le rail extérieur présentera, au point de tangence, une bosse prononcée.

Sur le petit chemin de fer à voie étroite établi dans les forêts voisines d'Abreschwiller et dont nous avons déjà parlé plusieurs fois, nous avons constaté que l'on a obtenu de bons résultats en donnant au plan de raccordement une pente variant d'un millimètre à un millimètre et demi par mètre. Ce système pourra être appliqué chaque fois que le surélèvement n'aura pas une valeur considérable et que les parties droites qui suivront les courbes seront suffisamment longues. Mais si ces conditions ne se trouvent pas réunies, il faudra recourir à un autre moyen et chercher à obtenir une variation progressive en raccordant l'alignement droit à l'arc de cercle au moyen d'une courbe dont le rayon de courbure satisfasse, en chaque point à l'équation (3) dans laquelle la valeur de h va en augmentant uniformément du point de tangence avec l'alignement droit où elle est nulle, au point de tangence avec le cercle où elle atteint son maximum.

Traçons (fig. 22) un arc de cercle BCD et sa tangente BA ; nous voulons intercaler entre eux une courbe de raccordement. Pour réaliser ce problème, il faudra nécessairement que nous déplacions latéralement ou l'alignement droit, ou l'arc de cercle. Examinons d'abord le premier système; soit OC la courbe de raccordement, C et O les points où cette courbe vient se raccorder avec le cercle et avec la parallèle OX à AB. Désignons par p_1 le déplacement longitudinal AB et par m_1 le déplacement latéral de l'ancien point de tangence B, qui est venu en O.

Pour atteindre le résultat que nous poursuivons, nous devons déterminer cette courbe de telle façon qu'en désignant par i la pente uniforme à admettre, par s un arc quelconque OM de la courbe, et par ρ le rayon de courbure en ce point, le surélèvement correspondant soit égal à is, c'est-à-dire que l'on ait :

$$is = \frac{l}{g} \cdot \frac{V^2}{R}.$$

Or l'arc OC devant avoir, dans les conditions ordinaires de la pratique, une faible amplitude, nous admettrons, comme l'a fait M. Nordling (*Annales des ponts et chaussées de 1867*) que l'arc OM peut être confondu avec son abscisse x; la relation précédente deviendra alors :

$$ix = \frac{lV^2}{g\rho},$$

ou

$$x = \frac{lV^2}{gi} \times \frac{1}{\rho}.$$

Ou enfin, en désignant par K la quantité $\frac{gi}{lV^2}$ qui est constante pour tous les points d'une même courbe :

$$x = \frac{1}{K\rho}. \tag{4}$$

Il est facile de démontrer que la courbe qui satisfait à cette condition est la parabole du troisième degré représentée par l'équation

$$y = \frac{1}{6} Kx^3 \ (^1). \tag{5}$$

---

(1) L'arc de raccordement étant, en effet, d'une faible amplitude, le rayon de courbure ρ peut être représenté d'une manière suffisamment approchée par $\dfrac{1}{\frac{d^2y}{dx^2}}$. La formule (4) peut donc s'écrire :

$$x = \frac{1}{K} \cdot \frac{d^2y}{dx^2}, \text{ d'où } \frac{d^2y}{dx^2} = Kx.$$

Différentions, nous trouverons :

$$\frac{dy}{dx} = \frac{1}{2} Kx^2;$$

c'est l'expression générale de la tangente.
En différentiant une 2ᵉ fois, nous aurons l'équation de la courbe :

$$y = \frac{1}{6} Kx^3.$$

On démontre non moins aisément que le déplacement longitudinal $AB = p_1$ du point de tangence est égal à la moitié de l'abscisse x_1 de l'extrémité C de l'arc de raccordement, et que le déplacement latéral $AO = m_1$ du même point de tangence est égal au quart de l'ordonnée y_1 du point C ([1]).

Enfin cette parabole jouit de cette propriété remarquable que la sous-tangente est égale au tiers de l'abscisse ([2]).

Prenons un exemple :

$i = 0,002$ (c'est le chiffre généralement admis pour les grandes lignes de chemins de fer)

$$l = 0,60 \qquad V = 4^m \qquad R = 50^m$$

En d'autres termes, nous voulons, sur une voie de 0,60, raccorder par un arc parabolique dont la pente soit de 0,002, un alignement droit avec une courbe de 50 mètres de rayon.

Nous trouverons successivement :

$$K = \frac{gi}{lV^2} = \frac{9,81 \times 0,002}{0,60 \times 16} = 0,002044,$$

$$x_1 = \frac{1}{KR} = \frac{1}{0,002044 \times 50} = 9^m,80,$$

$$y_1 = \frac{1}{6} Kx_1^3 = \frac{1}{6} \times 0,002044 \times 9,80^3 = 0,32.$$

$$m_1 = \frac{1}{4} y_1 = 0,08.$$

---

(1) Exprimons, en effet, que le cercle et la parabole ont même courbure et même tangente au point C. D'après la note précédente, la tangente au point C de la parabole est $\frac{1}{2} Kx_1^2$; la tangente au cercle est sensiblement égale au sinus, c'est-à-dire à $\frac{x_1 - p_1}{R}$; écrivons donc :

$$\frac{x_1 - p_1}{R} = \frac{1}{2} Kx_1^2.$$

En remplaçant R par $\frac{1}{Kx_1}$ (équation 4), on trouve facilement :

$$p_1 = \frac{1}{2} x_1.$$

Écrivons d'autre part :

$$m_1 + BG = y_1;$$

Mais BG est sensiblement égal à $\frac{\overline{GC^2}}{2R} = \frac{x_1^2}{8R} = \frac{1}{8} Kx_1^3.$

Or, d'après l'équation (2), $Kx_1^3 = 6y_1$; donc $\frac{1}{8} Kx_1^3 = \frac{3}{4} y_1$

$$\text{et } m_1 = \frac{1}{4} y_1.$$

(2) On trouve facilement, en effet, en combinant les équations de la tangente et de la courbe :

$$\frac{y}{\frac{dy}{dx}} = \frac{1}{3} x.$$

A partir du point de tangence B de l'alignement droit et de la circonférence de 50 mètres de rayon, portons sur l'alignement une longueur égale à $\frac{1}{2} \times 9{,}80$, ce qui détermine le point A. Menons, en ce point, à la ligne AB, une perpendiculaire AO égale à $0^m{,}08$, et nous aurons ainsi fixé l'origine O du raccordement parabolique. Par ce point O nous mènerons une parallèle à l'alignement droit, ce qui permettra de fixer l'axe OX sur le terrain. Nous prendrons sur cet axe une longueur égale à $9^m{,}80$, et le point E sera déterminé. Une perpendiculaire de $0{,}32$ fixera la position du point C. Nous diviserons alors l'intervalle OE en 4 ou 6 parties égales et nous déterminerons 3 ou 5 points intermédiaires de la courbe, en remarquant que les ordonnées croissent en raison des cubes de l'abscisse. Voici les rapports numériques invariables dans les deux cas d'une division en 4 ou 6 parties égales.

$$x = \quad \frac{1}{4} \qquad \frac{1}{2} \qquad \frac{3}{4}$$

$$y = \left\{ \begin{array}{ccc} \frac{1}{64} & \frac{1}{8} & \frac{27}{64} \\ 0{,}0156. & 0{,}125. & 0{,}4209. \end{array} \right.$$

$$x = \quad \frac{1}{6} \qquad \frac{2}{6} \qquad \frac{3}{6} \qquad \frac{4}{6} \qquad \frac{5}{6}$$

$$y = \left\{ \begin{array}{ccccc} \frac{1}{216} & \frac{1}{27} & \frac{1}{8} & \frac{8}{27} & \frac{125}{216} \\ 0{,}0046. & 0{,}037. & 0{,}125. & 0{,}2963. & 0{,}5785. \end{array} \right.$$

En supposant que nous ayons employé la division en 6 parties égales pour l'exemple que nous avons choisi, nous trouverons pour les ordonnées :

$$0{,}0015, \quad 0{,}0118, \quad 0{,}04, \quad 0{,}0948, \quad 0{,}1851.$$

Remarque. — L'ordonnée TU étant la huitième partie de y_1 est égale à $\frac{1}{2} m_1$, et par conséquent le point T est le milieu de BU.

Au lieu de déplacer l'alignement droit, on peut reculer le centre I du cercle d'une quantité II' égale à m_1. On porte alors, à partir du point de tangence B, deux longueurs BO et BE, dont chacune est égale à $4^m{,}90$ (*fig. 23*); en menant ensuite une perpendiculaire EC égale à $0{,}32$, on a fixé la position des deux points O et C de raccordement de l'arc parabolique avec l'alignement droit et avec l'arc de cercle. On détermine alors par points cet arc parabolique comme dans le cas précédent, et il ne reste plus qu'à tracer un arc de cercle UCD avec le rayon I'C.

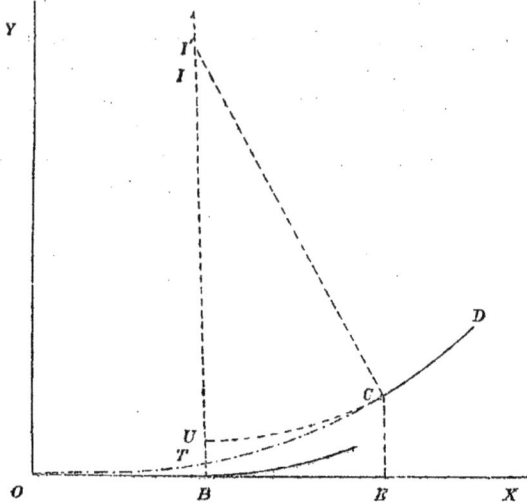

Fig. 23

Table graphique. — En appliquant les principes d'anamorphose découverts par M. Lalanne, inspecteur général des ponts et chaussées, nous avons construit, avec l'aide de M. Péraux, l'auteur de la règle à calcul à double réglette, une table graphique permettant d'obtenir immédiatement, sans calcul, les valeurs de x et de y. En voici la description et l'usage :

Dans le parallélogramme ABB'A' les lignes horizontales représentent, de deux en deux centimètres, les largeurs de voie depuis 0,40 jusqu'à 0,70 ; les lignes inclinées représentent, de 0,10 en 0,10, les vitesses depuis 2 mètres jusqu'à 4 mètres. Dans le polygone CDHIB', les valeurs de x sont inscrites sur la verticale CD ; les rayons des courbes sont représentés par les parallèles les plus inclinées, depuis DH (20 mètres) jusqu'à D'H' (100 mètres). Les parallèles les moins inclinées, telles que KL, représentent les valeurs de y, depuis 0,05 jusqu'à 7 mètres. On peut lire directement les valeurs de x, de 0,10 en 0,10 jusqu'à 10 mètres, de 0,20 en 0,20 jusqu'à 20 mètres, et de 0,50 en 0,50 jusqu'à la fin de la table. Les valeurs de y se lisent directement de 0,10 en 0,10 jusqu'à 1 mètre ; et à l'estime l'approximation peut facilement descendre à 0,01 ; de 1 mètre à 3 mètres, la lecture directe porte sur les décimètres, et de 3 mètres à la fin sur les doubles décimètres. Mais on peut aisément estimer à vue, le demi-décimètre dans le premier cas, et le décimètre dans le deuxième.

Pour montrer l'usage de cette table, je reprends l'exemple cité plus haut.

Je considère la verticale fictive passant par le point de rencontre de l'horizontale 0,60 et de l'oblique 4 mètres du parallélogramme supérieur ; cette verticale vient couper le rayon 50 mètres sur la huitième horizontale de l'intervalle 9-10 figuré sur la verticale CD ; je lirai $x = 9^m,80$. En second lieu, ce dernier point d'intersection étant situé à peu près au quart de l'intervalle compris entre les deux obliques 0,30 et 0,40, je lirai $y = 0,325$.

Raccordement de deux arcs de cercle. — Le problème ne serait pas beaucoup plus compliqué si l'on voulait effectuer un raccordement entre deux arcs de cercle contigus (*voir figure 24*). On prendrait dans les tables graphiques les longueurs de raccordement x', x'', les valeurs des ordonnées extrêmes y' et y'' correspondant aux rayons R' et R'' des deux cercles ; on en déduirait les déplacements latéraux m' et m'', qui sont respectivement égaux à $\frac{y'}{4}$ et à $\frac{y''}{4}$; puis on tracerait la parabole comme dans le cas précédent.

Exemple. — Soit à raccorder deux arcs de cercle de rayons 60 et 40 mètres, sur une voie de 0,60, la vitesse maximum étant de 4 mètres.

La table graphique nous donne :

$$x' = 8^m,10.$$
$$x'' = 12^m,30.$$
$$y' = 0,18.$$
$$y'' = 0,64.$$

On en déduit :

$$m' = 0,045.$$
$$m'' = 0,16.$$

On prend, sur l'axe OX, une longueur OE'' égale à $12^m,30$ et on construit la parabole OB'' ayant cette longueur pour abscisse, et 0,64 pour ordonnée extrême. Sur le milieu K de OE'' on élève une perpendiculaire égale à $R'' + m''$, c'est-à-dire à 40^m,16, et de l'extrémité de cette perpendiculaire, comme centre, on décrit la circonférence B''C'' (*fig. 24*).

Le point de tangence de la parabole avec la circonférence B'C' de 60 mètres de rayon se trouvera facilement ; il suffira de prendre OE' $= 8^m,10$, et d'élever, au point E', une perpendiculaire E'B' jusqu'à la rencontre avec la parabole. Quant au centre du cercle on le trouvera sur une perpendiculaire élevée à l'axe OX, au point C' milieu de OE', et à 60^m,045 du point C'.

On ne conservera que l'arc parabolique B'B'' qui sera à cheval sur l'ancien point de juxtaposition, moitié en deçà, moitié au delà, et passera au milieu du déplacement latéral A'A''.

Cette dernière proposition se démontre aussi facilement que dans le cas du raccordement entre une droite et un arc de cercle.

Remarque. — Dans la pratique, qu'il s'agisse de l'une ou l'autre espèce de raccordement, la solution la plus simple consiste à déplacer toutes les courbes sans en changer les centres, c'est-à-dire en réduisant chaque rayon d'une quantité égale au déplacement latéral correspondant ; cette réduction, du reste, est insignifiante, vu la petite longueur du déplacement latéral en regard de celle du rayon. De cette manière, on conserve à la fois les alignements droits et les centres, c'est-à-dire les repères naturels du tracé.

La figure 25 donne une idée de cette disposition.

V. — Changements de voie.

Dans l'étude des changements de voie, nous étudierons successivement les modes de raccordement entre deux voies fixes, et les modes de jonction d'une voie fixe avec une voie mobile.

1º *Cas de deux voies fixes.*

Dans les voies forestières, comme sur les lignes de chemins de fer, la condition essentielle d'un bon aiguillage c'est que la voie principale ne soit jamais coupée par un train venant d'une direction quelconque ; il faut que ce train trouve une voie ouverte devant lui ou qu'il se l'ouvre lui-même. Cette condition est réalisée dans les deux systèmes que nous allons décrire.

Le premier n'est autre que celui que l'on emploie presque exclusivement sur les grandes lignes : il est parfaitement connu ; mais comme il doit être posé avec une très grande précision, nous croyons utile d'indiquer la manière dont on calcule les dimensions et dont on détermine la position relative des pièces principales.

La figure 26 montre les dispositions générales à adopter pour le croisement de deux voies fixes de 0,60 de largeur.

Les deux branches mobiles de l'aiguille sont représentées en BC et B'C' ; chacune de ces branches tourne autour d'une de ses extrémités, appelée talon (B.B') ; et l'autre extrémité (C.C') est amincie et effilée de manière qu'appliquée sur le rail voisin, elle forme avec lui une surface de raccordement continue, ce qui est facile en combinant la forme de la pointe amincie de manière qu'une partie de sa section se loge dans la gorge du rail. Les deux branches sont rendues solidaires au moyen d'une tringle PQ.

Si l'aiguille est dans la position indiquée par la figure, le rail fixe de la voie courbe est dégagé, et le train venant du tronc commun s'engage sur cette voie. Si l'aiguillage est fait en sens contraire, le rail fixe de la voie principale est dégagé, et c'est sur celle-ci que le train s'engage.

Supposons maintenant qu'un train vienne de la voie principale, l'aiguillage étant fait sur la voie courbe ; le mentonnet de droite qui suit la file du rail fixe, étant maintenu par cette dernière, poussera la branche B'C' de l'aiguille ; et ce mouvement sera appuyé par le premier mentonnet qui, engagé entre le rail fixe et la branche BC, repoussera cette dernière pour se faire place. Le train fera donc son aiguillage lui-même.

Sur nos voies forestières il conviendra, afin d'éviter les accidents, notamment dans les terrains en pente, de disposer les aiguilles de telle façon qu'elles soient prises en talon par les trains chargés ; de cette manière il n'y aura de manœuvre à faire que pour les trains vides, qui marchent généralement avec lenteur ; et cette manœuvre pourra être facilement faite par le conducteur, sans qu'il soit obligé d'arrêter les trains.

Pour que le raccordement des voies soit exactement tangentiel, il faut que l'aiguille ait la forme d'un arc de cercle, et que de plus elle soit assez longue pour qu'au droit de son talon, point où le boudin doit passer entre la file des rails fixes, ces deux files laissent entre elles l'écartement AB nécessaire à son passage.

L'épaisseur du boudin des roues est généralement de 1 cent. 1/2 ; mais il faut un jeu, et par conséquent il est indispensable que l'écartement AB ait au moins $0^m,02$, ce qui nécessite, pour une largeur de rails de $0^m,03$, un écart de $0^m,05$ entre les bords intérieurs CA et CD.

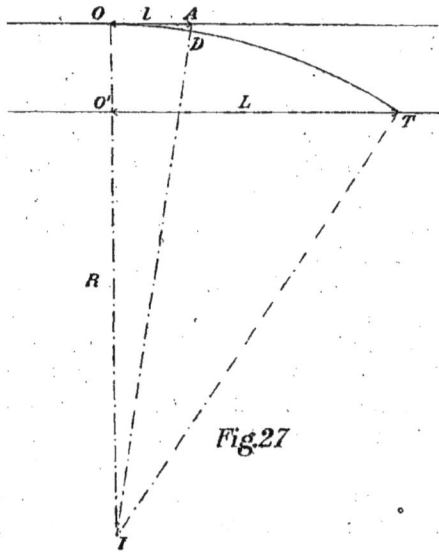

Fig. 27

Si l'on appelle R le rayon OI de la courbe de raccordement (*fig. 27*), et l la longueur de l'aiguille, on aura, en prenant la tangente pour l'arc, ce qui est permis pour des angles si petits :

$$l = \sqrt{2\,R \times AD} = \sqrt{2\,R \times 0,05}.$$

Ce qui donne :

pour $R = 20^m$ $l = 1^m,30$
pour $R = 30^m$ $l = 1^m,70$

Avec d'aussi faibles longueurs on n'aura pas besoin de levier pour la manœuvre; pour faire l'aiguillage il suffira de pousser avec le pied la partie mobile.

Il est facile de calculer la longueur O'T comprise entre la pointe de l'aiguille et le point T que l'on appelle le *point de croisement* ou la *pointe de cœur*. Cette longueur L s'appelle la longueur du changement.

Pour une voie de 0,60 et pour un rayon de raccordement de 20 mètres par exemple, on a :

$$\text{Cos OIT} = \frac{20 - 0,60}{20} = 0,97.$$

$$\text{OIT} = 14°,4'$$

$$\text{Sin OIT} = 0,243$$

$$\text{et L} = 20 \times 0,243 = 4^m,86.$$

Étudions maintenant les dispositions à adopter pour les pièces du croisement, c'est-à-dire pour les pattes de lièvre et la pointe de cœur, sur laquelle viennent s'appuyer les rails de continuation.

Considérons la roue qui suit le rail EF ; quand elle arrive à l'interruption F qui précède la pointe de cœur, le bord intérieur du rail se dérobe sous le bandage. Pour que ce dernier continue à être soutenu il faut qu'il porte, par sa partie extérieure, sur la patte de lièvre FK ; et pour qu'il ne cesse à aucun moment d'être supporté il faut et il suffit que son bord intérieur atteigne le cœur avant que son bord extérieur ait quitté la patte de lièvre ;

c'est-à-dire que la partie plate ab du bandage doit être plus grande que la somme des trois quantités $bc + cd + de$ représentant le jeu de la voie, l'épaisseur de la pointe de cœur et la lacune (fig. 27 bis). Si ces deux dernières quantités sont respectivement égales à 0,01 et 0,02, la partie plate ab ayant généralement 0,045, il restera 0,015 pour le jeu du mentonnet le long de la pointe et pour la portée du bandage sur la patte de lièvre. Sans doute la marge est faible, mais elle est suffisante pour que la roue ne cesse pas d'être soutenue.

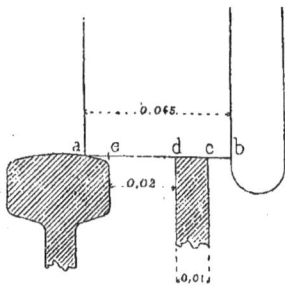

Fig. 27 bis

Tout ce qui précède démontre qu'il est extrêmement important que la direction de la roue soit parfaitement guidée dans son passage à la lacune qui précède la pointe de cœur. Si elle s'éloignait à droite, le bandage ne porterait plus ; si elle déviait à gauche, le boudin monterait sur la pointe. Pour assurer la direction de cette roue, on guide la roue conjuguée au moyen d'un contre-rail qui limite, à volonté, le déplacement transversal du boudin.

Or, pour que ce contre-rail empêche l'une des roues de marcher sur la pointe de croisement il faut que la distance d, à cette pointe, de son bord intérieur GH, soit plus grande que l'écartement des bandages augmenté de l'épaisseur d'un mentonnet. Sur une voie de 0,60, avec une épaisseur de boudin de 0,015 et un jeu total de 0,012, l'écartement des bandages est de : $0,60 — (2 \times 0,015 + 0,012) = 0,558$ (*voir figure 20*) ; il faut donc que l'on ait :

$$d \gtreqless 0,558 + 0,015$$
$$\gtreqless 0,573.$$

D'un autre côté, au point de vue de l'écartement à droite, il ne faut pas, ainsi que nous l'avons vu tout à l'heure, que le jeu du boudin contre la pointe dépasse 0,015 ; de sorte qu'en appelant d' la distance du rail à la pointe, on doit avoir :

$$d' \lesseqgtr 0,558 + 2 \times 0,015 + 0,015$$
$$\lesseqgtr 0,603.$$

On adoptera pour d et d' les cotes de 0,575 et de 0,60 qui satisfont aux inégalités précédentes ; il en résultera une largeur de 0,025 pour le passage du boudin entre le rail et le contre-rail.

Ainsi construit, l'appareil remplit toutes les conditions de précision et de sécurité, et il peut être franchi, sans danger, avec une certaine vitesse.

Tantôt on réunit, en une seule pièce fondue, les parties principales telles que la pointe de cœur, les pattes de lièvre et l'amorce des rails de continuation, et une table sert de support et de liaison à tout l'ensemble.

Tantôt, au contraire, les pièces sont isolées ; mais on les rend parfaitement solidaires au moyen de longues traverses de plus fortes dimensions et plus rapprochées que les traverses ordinaires ; c'est ce qui a été fait dans la figure 26. On obtient ainsi une pose très solide, et les réparations sont moins dispendieuses.

Le système de croisement que nous venons de décrire et qui est, comme nous l'avons dit tout à l'heure, à peu près le seul usité sur les grandes lignes, présente quelques inconvénients dans son application aux petites voies forestières. La pose en est très délicate ; et de plus les branches mobiles de l'aiguille s'usent rapidement, ce qui est une cause sérieuse de dépense dans l'entretien de la voie. Nous avons donc dû chercher à combiner un autre appareil, moins délicat et d'une adaptation plus facile aux chemins de fer qui nous occupent ; nous avons été très obligeamment aidé, dans notre tâche, par M. Demonet, ingénieur civil à Nancy, qui a bien voulu faire traduire notre pensée, dans les ateliers de construction de la maison de Dietrich, de Lunéville, par le système représenté dans la figure 28. Voici en quoi il consiste :

Il s'agit de raccorder la voie S avec la voie N qui la coupe sous un certain angle, généralement très faible ; on ménage sur la voie principale deux rails OP et QR rendus solidaires par une tringle X, et susceptibles de tourner autour des extrémités O et Q, pour se mettre dans la direction des rails de la deuxième voie. Ce mouvement de rotation est produit automatiquement par les trains quand ils marchent de la droite vers la gauche.

A cet effet, un levier coudé A, placé contre la face inférieure du rail N et le dépassant d'une certaine quantité, est fixé à l'une des extrémités d'un arbre B tournant dans deux supports C, et portant, à son autre extrémité, un second levier D. Celui-ci est relié, par l'intermédiaire d'une bielle H, à une équerre double EFG, qui pivote autour de l'axe F, et dont l'une des branches est rattachée, par une deuxième bielle K, à un piton I fixé invariablement au rail mobile QR.

L'autre voie est munie d'un appareil semblable, solidaire avec le premier, mais dont toutes les pièces sont placées dans une position contraire ; c'est-à-dire que l'un des leviers est baissé quand l'autre est levé, et réciproquement. Du reste, tout mouvement communiqué à l'un des rails mobiles se transmet à l'autre, grâce à la tringle X.

Supposons maintenant un wagonnet arrivant de droite à gauche sur la voie N, et admettons que les deux rails mobiles soient dans la position OP-QR. Quand le boudin de la roue arrivera sur le levier A, elle l'abaissera et le forcera à prendre la position A' ; le levier D viendra en D', l'équerre double en E'FG' et les deux rails mobiles en O'P'-Q'R' ; le passage du wagonnet sera assuré, et tout autre wagonnet venant à la suite du premier trouvera la voie ouverte.

Supposons maintenant un wagonnet arrivant également de droite à gauche sur la voie S ; il trouvera levé le levier T puisque l'autre vient d'être abaissé ; en passant sur ce levier, le boudin de la roue forcera le rail mobile à revenir dans la position primitive OP-QR.

Des taquets U ont été ménagés pour que les rails mobiles s'arrêtent juste en face des rails fixes.

Il est évident qu'un train, venant de gauche à droite, pourrait bien s'engager sur une mauvaise voie, mais tout déraillement est impossible. Pour faire l'aiguillage, il suffit d'appuyer du pied sur l'un des leviers A ou T.

On calculera aussi facilement que dans le cas précédent les dimensions des différentes pièces du croisement.

Comme on le voit, le système dont nous venons de donner la description n'est autre chose que l'adaptation d'un appareil automoteur à l'ancien mode de croisement, qui a été abandonné par les compagnies de chemins de fer.

2° Cas d'une voie fixe et d'une voie mobile.

Quand on veut faire communiquer une voie fixe avec une voie secondaire mobile, on emploie des aiguilles grimpantes (*fig. 29*), que

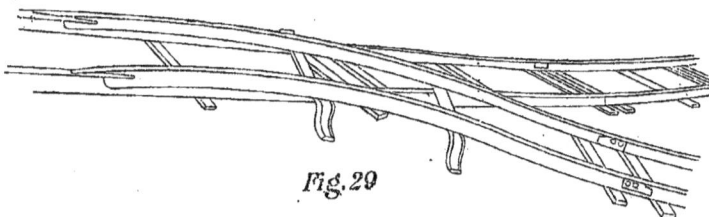

Fig. 29

l'on pose tout simplement sur la voie principale, et que l'on peut déplacer très facilement d'un point à un autre, suivant les besoins de l'exploitation.

Toutes les aiguilles grimpantes que je connais se ressemblent ; elles ne diffèrent que par les détails de la pose, et elles ont toutes l'inconvénient d'obstruer complètement la voie principale sur laquelle elles reposent, de sorte qu'il faut les enlever complètement à chaque passage de train engagé sur cette voie.

L'appareil suivant, dont les dessins m'ont été fournis par la maison de Dietrich, ne présente pas cet inconvénient (*voir fig. 30 et 30* bis).

Les deux branches mobiles EF et E'F' de cette aiguille peuvent tourner autour des points E et E' ; elles sont formées de rails rabotés de manière à pouvoir s'adapter facilement à ceux de la voie principale ; elles portent, à leurs extrémités libres, deux agrafes rivées G qui embrassent les rails de cette dernière voie lorsque celle-ci est fermée, comme le montrent la figure 30 *bis* et la coupe CD. Des poignées H permettent de les manœuvrer séparément à la main.

Au point de croisement I on a adapté un verrou mobile K composé d'un support L autour duquel tourne, à charnière, une plaque en tôle M portant un rail plat N qui forme continuation de la voie secondaire.

Supposons maintenant que l'on veuille engager sur la voie principale un wagonnet venant par le point O ; on placera l'aiguille dans la position de la figure 30, et l'on rabattra le verrou K ; la voie principale sera libre.

Si, au contraire, on veut s'engager sur la voie secondaire, on placera l'aiguille dans la position indiquée par la figure 30 *bis* et l'on retournera le verrou K de manière à masquer le rail de la voie principale.

L'essieu figuré dans la coupe CD est supposé placé exactement dans le plan vertical de cette section.

VI. — Passages a niveau.

Les passages à niveau, c'est-à-dire les traversées d'une voie ferrée par un chemin, doivent satisfaire à un certain nombre de conditions, que nous allons énumérer.

Et d'abord il faut faire ces traversées droites autant que possible, afin d'en diminuer la longueur.

En second lieu les voies doivent être posées sans saillie ni dépression par rapport au plan de la route de terre, et cela afin d'éviter les chocs qui seraient tout aussi nuisibles aux rails qu'aux véhicules ordinaires. Pour satisfaire à cette condition, on enfouit le rail dans la terre ; mais pour livrer passage aux boudins des roues, on a soin de ménager, dans l'intérieur de la voie, une *rainure* ou *ornière* tout le long de ce rail. On obtient cette rainure à l'aide d'un contre-rail que l'on place à 0,03 ou 0,04 du rail principal. Le rail et le contre-rail sont fixés sur des coussinets en fonte portés par les traverses ; le contre-rail est terminé par des parties évasées, afin de faciliter l'entrée du boudin. On emploie souvent aussi un rail à gorge, comme celui des tramways.

En troisième lieu il faut protéger le rail contre les chocs ; on réalise cette troisième condition en surélevant un peu le contre-rail.

Enfin il faut que, sur toute la surface de traversée, la plate-forme soit recouverte d'une matière susceptible de supporter la circulation de la route. Quand celle-ci est peu fréquentée, on construit la chaussée en madriers de sapin de 0,08 à 0,10 d'épaisseur ou bien en gravier. Quand, au contraire, la circulation est importante, il faut recourir au pavage.

DEUXIÈME PARTIE

Matériel roulant.

Considérations générales.

Dans la première partie de cette étude, nous avons indiqué les raisons pour lesquelles les grandes compagnies de chemins de fer ont admis, comme conditions normales et constantes de la construction de leur matériel, le parallélisme des essieux et le calage des roues.

Nous avons montré, en deuxième lieu, que les ingénieurs de ces compagnies, afin de corriger les inconvénients résultant de la solidarité des roues dans le passage des courbes, et pour détruire en même temps le mouvement de lacet, ont imaginé de donner aux bandages la forme d'un tronc de cône.

Ce procédé a parfaitement réussi sur les lignes où l'on admet des courbes à grands rayons; mais il peut devenir insuffisant sur les voies forestières. J'ai fait voir, en effet (voir le § III du chapitre III de la 1ʳᵉ partie), que sur une voie de $0^m,60$ de largeur avec un angle de conicité de $\frac{1}{15}$ et un jeu de $0^m,012$, l'inégalité du parcours des roues n'est compensée, par la conicité des bandages, que dans les courbes d'un rayon supérieur à 110 mètres.

Sans doute on peut, comme nous l'avons déjà fait remarquer, abaisser cette limite en augmentant, soit l'angle de conicité, soit la valeur du jeu, soit les deux à la fois. Ainsi, en doublant le jeu, et en portant l'angle de conicité à $\frac{1}{10}$, on trouverait, en appliquant la formule (2) du chapitre III :

$$\rho = \frac{0,631 \times 0,14}{\frac{1}{10} \times 0,024} = 36^m,70.$$

Mais l'augmentation du jeu a pour inconvénient de forcer à donner aux bandages des roues une plus grande largeur, et par suite de faire croître les dépenses à engager dans l'achat du matériel. D'autre part, si l'angle de conicité est trop grand, on peut craindre que les deux roues opposées, agissant comme un coin, ne tendent à produire un élargissement de la voie, ce qui entraînerait la déformation des rails.

Si l'on veut rester dans les limites que nous nous étions primitivement fixées, et si la vitesse des trains doit être faible, on pourra, sans abandonner le principe même de la solidarité des roues, employer le procédé suivant : on ne fixera invariablement sur les essieux que deux roues, placées en diagonale ; les deux autres seront ajustées sans jeu pour empêcher tout ballottement, et de telle façon qu'elles ne puissent tourner autour de leur essieu que dans les courbes.

Avec ce mode de construction, lorsqu'un wagonnet parcourra une courbe, la roue variable pourra faire, dans le même temps, plus ou moins de tours que la roue fixe suivant qu'elle sera placée sur le rail extérieur ou sur le rail intérieur. L'essieu fera le même nombre de tours que la roue fixe; mais la roue mobile, que je suppose, par exemple, sur le rail extérieur, fera un nombre de tours plus grand dans le même temps pour parcourir la courbe entière ; elle tournera alors autour de l'essieu et prendra une vitesse angulaire plus grande. Il ne se produira pourtant, en général, que peu de tours du moyeu autour de la fusée.

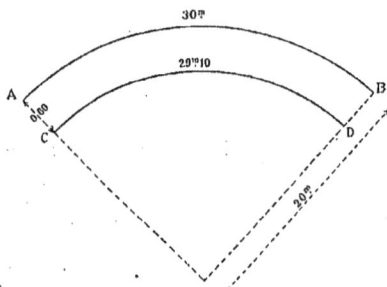

Fig. 31.

Exemple (fig. 31): soit un rail circulaire extérieur AB de 30 mètres de longueur et de 20 mètres de rayon. Sur une voie de 0^m,60 de largeur, le rail intérieur aura une longueur de 29^m,10. Si le diamètre de la roue est de 0^m,30, et par suite la circonférence de 0^m,94, la roue extérieure ne fera pas tout à fait un tour autour de son essieu, dans le parcours de la courbe totale. Il n'y aura donc ni échauffement, ni usure, ni résistance sensibles.

Le parallélisme des essieux et le calage des roues ne constituent pas les seules différences caractéristiques entre le matériel des chemins de fer et les voitures ordinaires; dans celles-ci, en effet, la caisse est toujours placée entre les roues, tandis qu'elle est généralement placée au-dessus dans les autres.

Il y a évidemment un grand avantage à placer la caisse d'une voiture au-dessus de ses roues, car alors la largeur de cette caisse n'est plus limitée par la longueur de l'essieu, laquelle dépend elle-même de la largeur de la voie. Sur une route, cette condition ne peut se réaliser avec sécurité ; par suite des pentes transversales qui s'y trouvent, des obstacles qui peuvent se présenter sous une roue et la soulever par rapport à sa symétrique, du chargement souvent placé à la partie supérieure, le véhicule n'aurait aucune stabilité s'il était plus large que sa base d'appui sur le sol.

Sur les chemins de fer, c'est tout différent : les roues reposent sur deux rails parfaitement de niveau, sauf en certains points présentant un devers à peu près compensé, du reste, par la force centrifuge ; la charge n'est jamais accumulée à la partie supérieure, et cette charge peut déborder sur la base d'appui, sans que la verticale du centre de gravité sorte de cette base. C'est là un avantage considérable dont on a dû profiter, et auquel on doit l'ampleur des caisses des wagons, malgré la faible largeur de la voie sur laquelle ils reposent.

Examinons maintenant quels sont les éléments essentiels d'un wagonnet destiné aux exploitations forestières.

La partie supérieure varie suivant la nature des produits à transporter : bois de chauffage, perches, bois de service ou d'industrie, etc. ; mais elle repose toujours sur un châssis qui se compose d'un cadre formé de deux longerons et de deux traverses extrêmes et qui dépasse généralement les roues, excepté dans les cas où l'on n'a pas besoin d'une grande largeur de chargement, comme dans la figure 48. C'est ce châssis qu'il s'agit de relier aux roues et aux essieux, et de relier également aux wagonnets qui constituent l'ensemble d'un train, de manière à obtenir la solidarité du mouvement d'une voiture à l'autre et entre les diverses parties d'une même voiture.

Le châssis repose sur les essieux par l'intermédiaire de coussinets qui leur transmettent le poids du wagonnet. La portée a lieu sur la fusée de l'essieu, c'est-à-dire sur la partie de cet essieu généralement extérieure à la roue.

La fusée pouvant tourner dans le coussinet avec une assez grande vitesse, il faut nécessairement interposer entre ces deux corps une matière lubrifiante, qui est de la graisse ou de l'huile. Cette matière est enfermée dans une boîte appelée *boîte à graisse*, ou *boîte à huile*, qui entoure le coussinet et la fusée.

La liaison des wagonnets entre eux, autrement dit l'*attelage*, doit être faite au double point de vue de la traction et du choc. Un wagonnet entraîne le suivant en cas de démarrage, par exemple, et généralement chaque fois que la vitesse se maintient ou s'accroît; d'autres fois un wagonnet arrête celui qui le suit, par exemple en cas de ralentissement ou d'arrêt du train. Les barres d'attelage ne doivent pas exercer leur action d'une manière brusque, il en résulterait des chocs dangereux pour les wagonnets et pour les marchandises qu'ils renferment; nous verrons plus tard comment on satisfait à cette condition.

Dans les exploitations de montagnes, un certain nombre de wagonnets doivent être pourvus de freins, de manière à ce que l'on puisse maintenir à une vitesse déterminée ou arrêter complètement un train en marche.

Nous terminerons cette partie de notre travail par l'étude des appareils de chargement et de déchargement, qui sont les auxiliaires indispensables d'un transport économique.

Nous diviserons notre étude en quatre chapitres. Dans le premier, nous parlerons des essieux et des roues; dans le second, nous traiterons la question des châssis, des boîtes à graisse et de l'attelage; le troisième sera consacré à l'étude des freins, et le quatrième à celle des appareils de chargement et de déchargement.

CHAPITRE IV.

Roues et essieux.

I. — NATURE DES FORCES QUI AGISSENT SUR UN ESSIEU.

Quelles sont les forces qui agissent sur un essieu, et auxquelles il doit résister?

Au repos il n'y a à considérer que le poids du wagonnet, qui produit un effort de flexion.

Appelons P le poids total supporté par les essieux, que nous supposerons au nombre de deux; le poids reposant sur chaque fusée sera $\frac{P}{4}$. D'un autre côté, la roue exercera une réaction égale à $-\frac{P}{4}$.

Le point d'application de la première force est au milieu de la portée du coussinet, celui de la deuxième au milieu de la portée de calage (fig. 32), c'est-à-dire de la surface de contact de l'essieu avec le moyeu de la roue.

Si nous désignons par a la distance de ces deux points, chaque moitié d'essieu est sollicitée par un couple $\frac{P\,a}{4}$.

Ce couple mesure l'effort auquel est soumis l'essieu à l'état de repos.

En marche, d'autres forces se produisent.

D'abord une torsion résultant de la solidarité des roues, solidarité qui se traduit, en courbe, par un frottement sur un des rails. Ce frottement, qui agit tangentiellement à la roue, produit sur l'essieu un effort dont le bras de levier est le rayon de la roue.

Cet effort de torsion a son maximum quand une roue est enrayée, sa conjuguée restant libre, ce qui peut résulter d'un dérangement du frein.

L'essieu est encore soumis en marche à un couple de flexion résultant de l'action du rail sur le mentonnet. Si la force centrifuge pousse

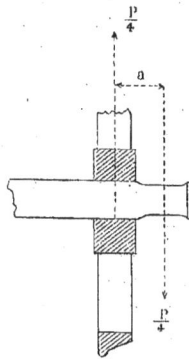

Fig. 32.

le véhicule à l'extérieur du rail avec une intensité φ, le rail exerce sur le boudin une réaction — φ; le couple (φ — φ) qui agit sur la roue se transmet à l'essieu, par un couple équivalent tendant à le faire fléchir.

La force φ est très difficile à apprécier; elle n'est jamais nulle sur les grandes lignes, car il faudrait pour cela que la force centrifuge fût exactement compensée par le dévers, ce qui ne peut pas se réaliser à différentes vitesses; mais on conçoit qu'elle puisse devenir négligeable sur les voies forestières, où la vitesse reste invariable en un même point, si toutefois l'on s'est conformé aux prescriptions développées dans le paragraphe IV du chapitre III.

En outre la portée de calage supporte une très forte pression provenant de l'emmanchement de l'essieu dans la roue, et il en résulte un effort de compression transversale qui vient s'ajouter aux efforts précédemment définis. C'est donc dans la portée de calage que les ruptures doivent être le plus fréquentes. C'est ce qui a lieu, en effet, et c'est une condition très fâcheuse, car lorsqu'un commencement de rupture se produit, on ne peut pas le voir, et il est impossible de prévenir la rupture totale qui en est la suite.

En résumé si l'on fait abstraction du frottement des fusées dans leurs coussinets, celles-ci ne sont soumises qu'à la flexion; le corps de l'essieu, c'est-à-dire la partie comprise entre les moyeux des roues ou entre les fusées, suivant que celles-ci sont à l'extérieur ou à l'intérieur, est soumis à la flexion et à la torsion; quant aux portées de calage, elles supportent, de plus que le corps, un effort considérable de compression transversale, résultant de l'introduction de l'essieu à pression forcée.

De là trois diamètres différents pour les trois parties de l'essieu. Les fusées ont le plus petit, les portées de calage le plus grand, le corps un diamètre intermédiaire.

II. — CALCUL DES DIMENSIONS D'UN ESSIEU.

Calcul de la fusée. — La fusée doit être considérée comme une pièce encastrée à l'une de ses extrémités, libre à l'autre, et soumise à l'action d'une force égale au quart du poids P du wagonnet.

Si donc on désigne par d et l son diamètre et sa longueur, puis par R le coefficient de résistance permanente à la flexion, la charge $\frac{1}{4}$ P pouvant être considérée comme appliquée au milieu de la longueur, la formule générale de la résistance est la suivante :

$$\frac{\frac{1}{64}\pi d^{4}}{\frac{1}{2}d}=\frac{\frac{1}{2}\frac{Pl}{4}}{R}$$

ou

$$\frac{1}{4}\pi d^{3}=\frac{Pl}{R}. \tag{1}$$

D'un autre côté, la fusée doit offrir au coussinet une surface de portée assez grande pour que le graissage ne soit pas compromis par l'expulsion de la matière lubrifiante. A ce point de vue, la section de la fusée par un plan passant par son axe ne doit pas s'abaisser au-dessous d'une certaine limite, que l'expérience seule peut assigner.

En d'autres termes, le quotient de la charge par le produit du diamètre et de la longueur de la fusée ne doit pas dépasser une certaine valeur, que nous désignerons par t; posons donc :

$$\frac{\frac{P}{4}}{dl}=t \qquad \text{ou} \qquad \frac{P}{4\,dl}=t. \tag{2}$$

En combinant les deux équations (1) et (2), on trouve :

$$d^{4}=\frac{1}{t\pi}\times\frac{P^{2}}{R}. \tag{3}$$

Telle est l'équation qui donne le diamètre en fonction du poids P.

Cette équation renferme deux coefficients t et R qu'il s'agit de déterminer d'après l'expérience acquise jusqu'à ce jour. Pour cela, nous prendrons comme modèle l'un des essieux admis par les ingénieurs d'une de nos grandes lignes.

Celui qui est représenté sur la figure 33 a été adopté par la Compagnie P.-L.-M. pour les wagons de marchandises de 10 tonnes. Le poids de la caisse et du châssis, d'après les renseignements qui nous ont été donnés, est d'environ 5.000 kilogr. ; d'où il résulte que le poids P de la formule (3) est égal à 15.000 kilogr. Le diamètre de la fusée étant égal à 8^{cm},5 et sa longueur à 17 centimètres, on a, d'après l'équation (2) :

$$t=\frac{15.000}{4\times 8,5\times 17}=26 \text{ kilogr. (par cent. carré).}$$

Dès lors $\frac{1}{t\pi}$ est égal à $\dfrac{1}{26 \times 3,1416} = 0,0122$, et la formule (3) devient :

$$d^{i} = 0,0122 \, \frac{\mathrm{P}^{2}}{\mathrm{R}} \cdot \qquad (4)$$

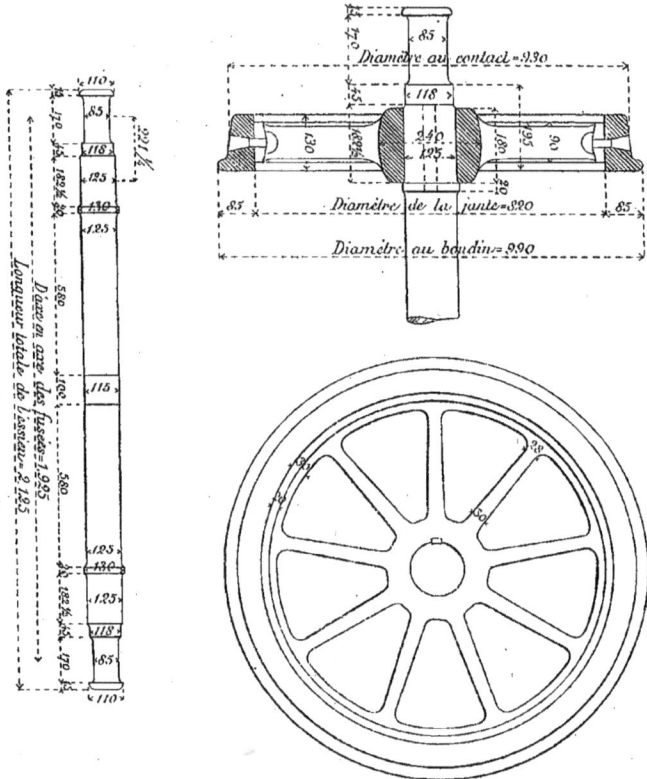

Fig. 33.

Cette formule va nous permettre de déterminer le coefficient R admis par les ingénieurs de la Compagnie ; on a, en effet :

$$\mathrm{R} = 0,0122 \times \frac{(15.000)^{2}}{(8,5)^{4}} = 483 \text{ kilogr.}$$

Nous admettrons le chiffre rond de 500 kilogr. par centimètre carré, ou, ce qui revient au même, le chiffre de 5 kilogr. par millimètre carré.

Si maintenant nous remplaçons R par 500 dans la formule (4), nous arriverons à l'expression générale :

$$d' = \frac{0,0122}{500} P^2$$

d'où

$$d = \sqrt[4]{\frac{0,0122}{500}} \sqrt{P} = 0,07 \sqrt{P}. \tag{5}$$

Exemples : 1° Calculer les dimensions de la fusée de l'essieu à adapter aux wagonnets d'une force portative de 4.000 kilogr. (poids mort compris),

on a :

$$d = 0,07 \sqrt{4.000} = 4^{cm},4 = 44^{mm}.$$
$$l = \frac{P}{4\,dt} = \frac{4.000}{4 \times 26 \times 4,4} = 8^{cm},8 = 88^{mm}.$$

2° Calculer les dimensions de la fusée de l'essieu à adapter aux wagonnets d'une force portative de 2.400 kilogr. (poids mort compris), on a :

$$d = 0,07 \sqrt{2.400} = 3^{cm},4 = 34^{mm}.$$
$$l = \frac{2.400}{4 \times 26 \times 3,4} = 6^{cm},8 = 68^{mm}.$$

Calcul du corps de l'essieu. — Faisons d'abord abstraction de l'effort de compression transversale qui s'exerce aux portées de calage, et supposons que l'on veuille donner à l'essieu un diamètre uniforme, que nous désignerons par D.

Soit ABCE la portée de calage. Considérons une section quelconque MN située à une distance x du milieu de cette portée (fig. 34).

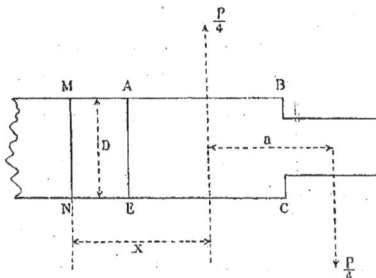

Fig. 34.

Le moment fléchissant correspondant à cette section est égal à

$\frac{P}{4}(a+x) - \frac{Px}{4} = \frac{Pa}{4}$; il est indépendant de x, et par conséquent le même pour toutes les sections.

En appliquant la formule générale de la flexion, on a donc :

$$\frac{\frac{1}{64}\pi D^4}{\frac{1}{2}D} = \frac{\frac{1}{4}Pa}{R}$$

R étant toujours le coefficient de résistance permanente.

On en tire :

$$\frac{1}{8}\pi D^3 = \frac{Pa}{R}$$

d'où :

$$D^3 = \frac{8Pa}{\pi R}. \tag{6}$$

Telle est la formule qui donne la valeur à attribuer au diamètre du corps de l'essieu pour qu'il puisse résister à la flexion.

Pour déterminer R, nous mettrons l'expression (6) sous la forme

$$R = \frac{8Pa}{\pi D^3} \tag{7}$$

et nous exécuterons le calcul en faisant $P = 15.000$ kilogr., $D = 11^{cm},5$ et $a = 22^{cm},125$ (fig. 33); on trouve, pour R, 525 kilogr.

Remplaçant R par cette valeur dans l'équation (6), on a :

$$D^3 = \frac{8}{3,1416 \times 525} \times Pa = 0,004853 \, Pa$$

d'où

$$D = 0,169 \sqrt[3]{Pa} \, (^1). \tag{8}$$

---

1. Pour être plus exact, il eût fallu considérer le corps de l'essieu comme soumis à la fois à un couple de torsion et à un couple de flexion (voir paragraphe I).

Le premier est égal à $\frac{1}{4}fPr$, f étant le coefficient de frottement et r le rayon de la roue. Le moment d'inertie polaire étant égal à $\frac{\pi D^4}{32}$, la formule de la torsion est :

$$\frac{1}{4}fPr = \frac{1}{16}\pi D^3 R_1,$$

R_1 étant le coefficient de résistance permanente à la torsion ; on en tire :

$$R_1 = \frac{4fPr}{\pi D^3}.$$

Mais les deux coefficients R et R_1 ne sont autres que des efforts agissant perpendiculairement l'un à l'autre ; si donc nous appelons R_2 leur résultante, nous aurons :

$$R_2^2 = R^2 + R_1^2,$$

En faisant P $= 2.400$ kilogr. et $a = 8^{cm}$, on trouve :

$$D = 0,169 \sqrt[3]{2.400 \times 8} = 4^{cm},52 = 45^{mm},20.$$

Diamètre des portées de calage. — Pour tenir compte de l'effort de compression transversale dans le calcul du diamètre D′ des portées de calage, nous ferons le raisonnement suivant.

Désignons par R′ le coefficient de résistance admis par les ingénieurs de la Compagnie P.-L.-M. dans la détermination du diamètre qu'ils ont adopté pour les portées de calage de l'essieu de la figure 33. Ce diamètre étant égal à $12^{cm},5$, on a, d'après l'équation (7),

$$R' = \frac{8\,P\,a}{\pi\,D'^3}$$

ce qui donne :

$$\frac{R'}{R} = \frac{D^3}{D'^3} = \frac{11,5^3}{12,5^3} = 0,78$$

d'où

$$R' = 0,78R = 0,78 \times 525 = 410.$$

et en remplaçant R et R_1 par leurs valeurs :

$$\frac{64\,P^2 a^2 + 16\,f^2 P^2 r^2}{\pi^2 D^6} = R_2^2$$

ou

$$\frac{4\,P^2 a^2 + f^2 P^2 r^2}{\pi^2 D^6} = \frac{R_2^2}{16}$$

d'où l'on tire :

$$\frac{R_2}{4} = \frac{P}{\pi D^3} \sqrt{4 a^2 + f^2 r^2}$$

et

$$R_2 = \frac{4\,P}{\pi D^3} \sqrt{4 a^2 + f^2 r^2}.$$

En s'imposant comme limite extrême de la valeur du coefficient R_2 le chiffre de 525 kilogr. par centimètre carré, on trouve :

$$D^3 = \frac{4}{3,1416 \times 525}\,P\,\sqrt{4 a^2 + f^2 r^2}$$

$$D^3 = 0,00242\,P\,\sqrt{4 a^2 + f^2 r^2}.$$

En faisant dans cette formule $P = 2.400$, $a = 8^{cm}$, $f = 0,15$ et $r = 15^{cm}$, on trouve :

$$D^3 = 0,00242 \times 2.400 \sqrt{4 \times 64 + (0,15 \times 15)^2}$$

ou

$$D^3 = 93,86$$

d'où

$$D = 4^{cm},55 = 45^{mm},5.$$

Ce résultat est très voisin de celui trouvé par la formule (8); cela tient à ce que le couple de torsion est très faible par rapport au moment fléchissant. Aussi quand on n'a pas besoin d'une grande précision, devra-t-on se contenter d'appliquer cette formule.

on en déduit :

$$D'^3 = \frac{8}{3,1416 \times 410} \times P\,a = 0,00621 \times P\,a$$

et

$$D' = 0,184 \sqrt[3]{P\,a}. \tag{9}$$

Pour la charge de 2.400 kilogr. et la valeur $a = 8^{cm}$, on trouve :

$$D' = 0,184 \sqrt[3]{2.400 \times 8} = 4^{cm},92 = 49^{mm},20.$$

III. — Ruptures d'essieux. Épreuves.

Les ruptures d'essieux pouvant donner lieu à de grands accidents, il est de la plus haute importance de chercher à les éviter. Malheureusement, ainsi que nous l'avons dit précédemment, le mal se produit presque toujours dans les portées de calage, c'est-à-dire à un endroit où il est impossible de l'apercevoir à l'origine; et s'il se produit ailleurs, il peut être dû à des causes que rien ne peut faire pressentir, comme, par exemple, à un défaut intérieur.

On ne peut donc pas se mettre complètement à l'abri des ruptures d'essieux; mais on doit s'attacher à les rendre le plus rares possible. Pour cela, il faudra avoir soin de soumettre les pièces, avant leur emploi, à des épreuves susceptibles de donner les garanties les plus rassurantes. De plus, il faudra, pendant le cours de l'exploitation, leur faire subir des visites périodiques en les démontant de manière à pouvoir les examiner minutieusement dans toutes leurs parties, et en les faisant ensuite passer au feu, ce qui provoque infailliblement une rupture, pour peu qu'il y ait un commencement de désagrégation moléculaire.

Les épreuves de déchirure et de courbure sont les meilleures pour éprouver la solidité et la ténacité de la matière.

Dans le premier cas, on soumet à un effort de traction un petit cylindre fait de la matière à expérimenter, et l'on fait croître cet effort jusqu'à ce que l'on arrive à la rupture. L'allongement doit être au moins de 25 p. 100, au moment où la pièce se déchire, et le rapport entre la section où s'est faite la rupture et la section primitive doit être d'environ 90 p. 100.

Pour faire l'expérience de la courbure, on fait reposer l'essieu sur deux appuis de façon à ce qu'il puisse recevoir en son milieu le choc d'un mouton dont la partie inférieure a une forme légèrement ovoïde. On fait agir le mouton jusqu'à ce que la flèche obtenue soit d'environ $\frac{1}{10}$ de la longueur ; puis on redresse la pièce sous l'influence de cinq ou six coups de mouton, et, l'opération terminée, l'essieu ne doit présenter aucune trace de rupture, de déchirure ni de dessoudure.

IV. — Forme et dimensions des roues.

La disposition, adoptée généralement pour les wagonnets, de châssis dépassant latéralement les roues et placés, par conséquent, au-dessus d'elles, en limite nécessairement la hauteur. Jusqu'alors on a fait osciller dans les chemins de fer forestiers cette hauteur entre 0,28 et 0,35. La seule raison que l'on puisse alléguer en faveur d'un grand diamètre, c'est la diminution du frottement, tandis que l'adoption d'une faible hauteur présente trois avantages principaux : la facilité du passage dans les fortes courbes, la plus grande stabilité de la charge dont le centre de gravité se trouve abaissé, enfin la facilité du chargement et du déchargement. On devra, dans le choix du diamètre à adopter, s'inspirer de ces différentes considérations. En plaine, par exemple, où l'on sera obligé d'utiliser la force des chevaux ou des bœufs pour le transport, on pourra avoir intérêt à prendre des roues de 0,35 de diamètre. Au contraire, dans les forêts montagneuses, où le transport se fera sous l'influence seule de la pesanteur, et où les courbes peuvent être nombreuses et accentuées, il sera généralement préférable d'employer des roues de 0,28 à 0,30 de diamètre.

Au point de vue de la construction, une roue se compose de trois parties :

Le moyeu, dont la surface intérieure est en contact avec la portée de calage ; les rais, ou le disque plein qui les remplace ; le bandage, dont le contour extérieur forme la surface de roulement avec un ou deux bords destinés à maintenir la roue sur les rails et que nous avons appelés boudins ou mentonnets.

Moyeu. — On peut caler les roues sur les essieux, soit par un simple clavetage, soit par une introduction forcée de la portée de calage dans le moyeu.

Supposons que l'assemblage se fasse à clavette. On admet, dans ce cas, qu'il n'y a de contact entre le moyeu et l'essieu que dans la demi-circonférence CED opposée à la clavette, par suite du soulèvement que celle-ci produit dans le moyeu (fig. 35).

Cela étant, désignons par D', comme nous l'avons fait précédemment, le diamètre de la portée de calage, puis par λ et ε la longueur et l'épaisseur du moyeu.

On donne généralement au moyeu une longueur un peu supérieure à la largeur de la roue, et l'excédent est proportionnel au rayon moyen de roulement. Ainsi, dans l'exemple de la figure 33, le rayon moyen de la surface de roulement étant de 465^{mm} et l'excédent de 180^{mm} — 130^{mm}, c'est-à-dire de 50^{mm}, ce dernier est les 0,11 du premier. Si nous admettons cette proportion, et si nous appelons l la largeur de la roue et r le rayon moyen de roulement dans un wagonnet forestier, nous pourrons poser :

$$\lambda = l + 0,11\, r. \qquad (10)$$

Quant à l'épaisseur ε, nous la calculerons par la condition que le moyeu ne puisse se rompre sous l'influence du serrage de la clavette.

Or, ce serrage développe entre l'essieu et le moyeu des réactions normales dont nous représenterons par p l'intensité sur l'unité de surface; dans ces conditions, la pression totale sera $p\,\pi\,\dfrac{D'}{2}\,\lambda$; et il faut qu'il y ait équilibre entre cette pression et la résistance du métal.

Mais la section résistante du métal est représentée par deux rectangles de hauteurs AC et BD et de longueur λ ; de sorte qu'en nommant R la pression maximum à faire subir à ce métal par unité de surface, la résistance sera représentée par $2\,R\,\varepsilon\,\lambda$.

On sait, d'autre part, que la projection, sur le plan diamétral CD, de la pression totale $p\,\pi\,\dfrac{D'}{2}\,\lambda$ est égale à $p\,D'\,\lambda$.

L'équation d'équilibre est donc :

$$2\,R\,\varepsilon\,\lambda = p\,D'\,\lambda$$

d'où

$$\varepsilon = \frac{p\,D'}{2\,R}.$$

Dans l'exemple de la figure 33, l'épaisseur du moyeu est égale à $\frac{1}{2}\,(240 - 125)^{mm} = 57^{mm},5$ et le diamètre D' à 125^{mm} ; la quantité $\dfrac{p}{2\,R}$ a donc été prise égale à $\dfrac{57,5}{125} = 0,46$.

En adoptant ce chiffre pour les moyeux des roues à adapter à nos

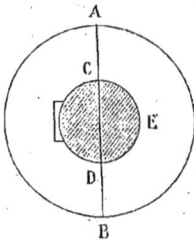

wagonnets forestiers, on aura, pour déterminer l'épaisseur de ces moyeux, la formule très simple :

$$\varepsilon = 0{,}46 \, D'. \tag{11}$$

En faisant $D' = 49^{mm}{,}20$ (Exemple du paragraphe II), on a :

$$\varepsilon = 0{,}46 \times 49^{mm}{,}2 = 23^{mm}.$$

Disque. — Les disques des roues peuvent affecter différentes formes.

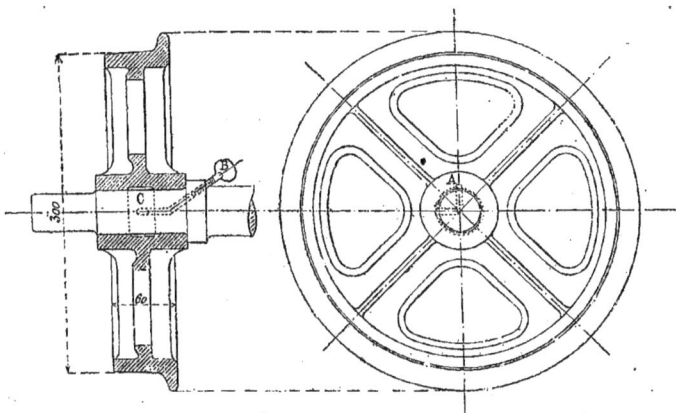

Fig. 36.

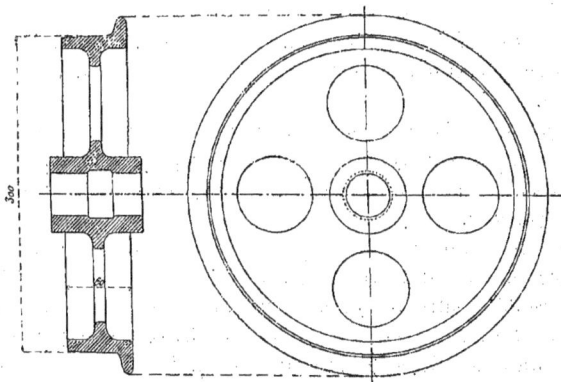

Fig. 37.

La figure 36 représente une roue avec bras à nervures ; la figure 37 montre une roue à disque plein, quatre évidements seulement ayant été pratiqués afin d'en alléger le poids; la figure 38 représente une roue à disque plein ondulé, qui porte des évidements comme la précédente. Enfin l'on voit, sur la figure 33, un exemple de roue à rais en fer.

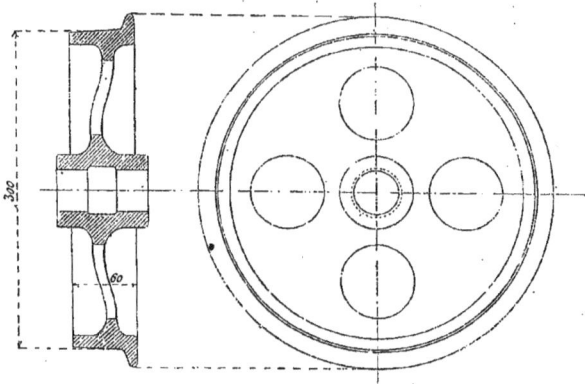

Fig. 38.

Bandage. — La dernière partie de la roue, c'est le bandage, autrement dit la bande qui fournit la surface de roulement, bande armée d'une saillie destinée à empêcher le déraillement.

La largeur de la partie plate doit, à notre sens, être calculée de telle façon que, dans les plus fortes courbes, la tête du rail soit complètement recouverte; c'est dire que cette largeur doit être égale à celle de la tête du rail augmentée du jeu maximum de la voie.

Quant aux boudins, on pourra leur donner une hauteur de 20 à 25^{mm}, une épaisseur minimum de 15^{mm} et incliner de 25 p. 100 leur face intérieure.

Roues folles. — Nous avons dit, au commencement de cet article, que l'on pourrait employer, dans certains cas, des roues folles placées en diagonale de manière à remédier à l'irrégularité du parcours dans les fortes courbes.

Si l'on veut avoir recours à ce genre de roues, il faudra leur adapter un appareil spécial de graissage.

La figure 36 montre un système très simple; le trou de graissage A percé dans l'essieu et bouché par une vis B, communique avec une cavité C pratiquée dans le corps du moyeu. Par ce procédé l'axe est constamment baigné par l'huile, laquelle est entraînée dans la cavité par suite de la rotation de la roue.

CHAPITRE V

Châssis, boîtes à huile et modes d'attelage.

I. — LES WAGONNETS FORESTIERS DOIVENT-ILS ÊTRE MUNIS DE RESSORTS DE SUSPENSION?

Dans le matériel des grandes lignes, les coussinets dans lesquels tournent les fusées des roues ne sont pas fixés directement sur le châssis; ils y sont liés par l'intermédiaire de ressorts, que l'on appelle *ressorts de suspension* (fig. 39).

Il résulte de cette disposition que la position du coussinet et de la boîte à graisse est soumise à des oscillations. La plaque de garde a pour objet de limiter l'amplitude de ces oscillations; elle consiste en une fourche, partant du châssis, où elle est solidement fixée, et embrassant la boîte à graisse avec un certain jeu qui permet de limiter les oscillations dans le sens horizontal. Ordinairement elle est consolidée par deux contrefiches inclinées, boulonnées au châssis.

Dans les wagonnets forestiers, on supprime généralement les ressorts de suspension. Nous croyons cependant que la nécessité de ces ressorts s'impose dans certains cas, et notamment sur les voies transportables des coupes situées en terrain accidenté. Il ne faut pas songer, en effet, dans l'établissement de ces voies essentiellement temporaires, à travailler fortement le sol pour y établir solidement les traverses : ce serait une bien grande dépense et une perte de temps. Dès lors la voie n'étant pas établie avec beaucoup de régularité, il serait à craindre que les quatre roues du wagonnet ne portassent pas à la fois sur les rails; les ressorts ont précisément pour but de remédier à cet inconvénient.

Il paraît difficile d'adapter aux wagonnets forestiers des ressorts de suspension à lames comme ceux qui sont représentés sur la fig. 39; cette disposition entraînerait un trop grand écartement des roues, ce qui serait très préjudiciable dans le passage des courbes à petits rayons. Il est préférable de faire usage de ressorts en hélice qui prennent moins de place.

Ces ressorts A, au nombre de quatre (fig. 40), sont logés, d'un côté, dans une plaque fixée au châssis et munie d'un rebord qui en empêche tout déplacement latéral; de l'autre côté, ils reposent directement sur la boîte à huile.

Par suite de cette construction, et afin de permettre le déplacement de la botte à huile dans le sens vertical, celle-ci est pourvue, de chaque côté, d'une coulisse qui glisse librement dans des plaques de garde B fixées au châssis.

II. — LES CHASSIS DOIVENT-ILS ÊTRE EN BOIS OU EN FER?

La seconde question qui se pose dans l'établissement des châssis de nos wagonnets est celle de savoir si ces châssis doivent être en bois ou en fer.

Il est hors de doute que le châssis en bois est plus léger et moins coûteux; mais il y a lieu de se demander si le prix des réparations n'est pas plus considérable que pour les cadres en fer. Ces réparations, en effet, sont fréquentes; par suite des nombreuses perforations produites, dans le bois, par les clous et les boulons, les pièces du châssis sont considérablement affaiblies; de plus les clous et les boulons jouent et se détachent plus facilement que dans le fer.

Dans les expériences faites à Eberswald par M. Runnebaum, des voitures construites en sapin ont subi, dans les déraillements, des dommages considérables; et ces dommages ont surtout porté sur les pièces des châssis; des voitures en fer, au contraire, sont restées absolument intactes. L'auteur de ces expériences fait remarquer, en outre, que les fibres du bois éclatent et se détachent facilement, et que l'emploi des bois noueux entraîne fatalement des ruptures dans les pièces qui supportent le cadre.

On objecte, d'autre part, que les châssis en fer sont plus lourds; que le fer se rouille, que des cassures peuvent se produire, que les réparations se font avec plus de difficulté, que les frais d'installation et d'entretien sont plus élevés que pour le bois.

Mais ces allégations sont-elles toutes bien justifiées? Si la construction de la voiture en fer se fait à la suite d'un calcul rationnel, si les matériaux sont de bonne qualité et les assemblages simples, le poids du châssis en fer ne dépasse guère que de 15 à 20 kilogr. celui du cadre en bois, et le maniement du wagonnet construit complètement en fer est tout aussi facile à effectuer par deux ouvriers que celui de la voiture à cadre de bois. En second lieu, un simple forgeron de village pourra faire les réparations d'un châssis en fer, tandis que pour une voiture en bois il faut à la fois un charron et un forgeron. Enfin si le fer nécessite des frais d'installation et d'entretien plus considérables, il dure plus longtemps.

En résumé, nous croyons qu'il y a lieu d'adopter, dans la plupart des cas, des châssis en fer pour les wagonnets destinés aux exploitations forestières. Si par suite de circonstances spéciales on veut avoir recours au bois, il faudra faire usage de pièces de bonne qualité, nettes de nœuds ; on choisira de préférence le chêne, le hêtre ou le frêne.

III. — FORME DES CHASSIS. — CALCULS SUR LESQUELS REPOSE L'ÉTUDE DE LEURS DIMENSIONS.

1° *Châssis en fer.* — Dans le matériel des grandes compagnies, le châssis se compose d'un cadre en fer formé de deux longerons AB et de deux traverses extrêmes CD (voir fig. 39). De plus, les pièces du cadre sont reliées par deux traverses intérieures et par une croix de Saint-André.

En outre, à cause de la présence des ressorts de suspension, chaque longeron repose sur quatre points fixes E, F, E′, F′. Enfin, on calcule les dimensions à donner à cette pièce en admettant qu'elle supporte à elle seule la moitié du chargement, et que la pression est uniformément répartie.

Tout étant symétrique par rapport au milieu du longeron, nous n'en considérerons que la moitié.

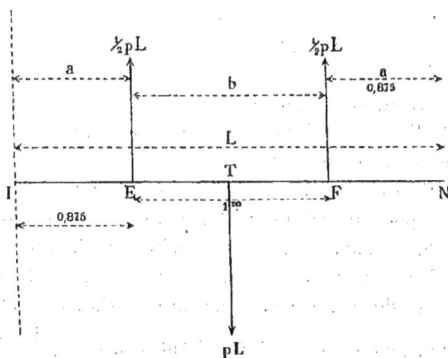

Fig. 41.

Soit donc I le milieu de cette pièce (fig. 41), L sa demi-longueur IN et p la pression qu'elle supporte par unité de longueur.

La pression totale qui s'exerce sur le demi-longeron est égale à p L, et l'on peut la supposer appliquée au milieu T de la longueur I N. D'autre part, les deux points fixes E et F étant généralement situés à égale distance du point T, les deux réactions qui s'exercent en ces points sont les mêmes et égales chacune à $\frac{1}{2}p$L. Cela posé, le moment fléchissant maximum ayant lieu, comme on le sait, au point d'application de l'une des forces, nous allons chercher successivement le moment qui s'exerce en chacun des points E, T et F.

Or, à cause de la symétrie, il est le même en E et en F; en désignant par a l'une des distances I E ou F N, il est égal à $\frac{1}{2}p\,a^2$.

En T, si l'on appelle b la distance E F, le moment est :

$$\frac{1}{2}p\left(a+\frac{b}{2}\right)^2-\frac{1}{2}p\text{L}\frac{b}{2}=\frac{1}{2}p\left[\left(a+\frac{b}{2}\right)^2-\frac{b}{2}(2a+b)\right]$$

En développant et réduisant les termes semblables, on trouve :

$$\frac{1}{2}p\left(a^2-\frac{b^2}{4}\right).$$

C'est donc en E et en F que le moment fléchissant est maximum.

Dès lors l'équation d'équarrissage sera :

$$\frac{1}{2}pa^2=\frac{\text{R}}{\delta}\times\frac{\text{I}}{\text{V}},$$

R étant toujours le coefficient de résistance permanente à la flexion, I le moment d'inertie, V la distance à l'axe de la fibre la plus fatiguée et δ le poids spécifique de la matière.

Cette formule va nous permettre de déterminer le chiffre admis par les ingénieurs pour la valeur de R. Nous prendrons comme modèle le type qui nous a servi à trouver le même coefficient dans le calcul des essieux. Dans ce type, le poids de la charge utile ajouté à celui de la caisse est de 12.560 kilogr.; le châssis ayant 5m,500 de longueur, la valeur de L est égale à 2m,750 et celle de p à $\frac{12.560}{11.000}=1^k,142$ par millimètre de longueur; de plus a étant égal à 875 millimètres, le moment fléchissant maximum est :

$$\frac{1}{2}\times1,142\times875^2=437.172\text{ kil.}$$

D'autre part, le longeron est fabriqué avec un fer en **C** dont les dimensions sont indiquées sur la figure 42 ; et l'on sait que l'on a, pour ce profil :

$$\frac{I}{V} = \frac{(bh^3 - b'h'^3)\delta}{6\,h} = \frac{(80 \times 250^3 - 70 \times 230^3)\delta}{6 \times 250} = 265,540\ \delta.$$

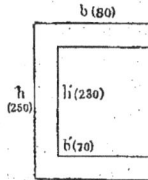

On tire de là :

$$R = \frac{437.172}{265.540} = 1,65,$$

soit 1,50 en chiffres ronds.

Dans les wagonnets forestiers, les châssis sont aussi formés essentiellement de deux longerons et de deux traverses extrêmes en fer **C** (fig. 40). Que

Fig. 42.

les châssis soient ou non munis de ressorts en hélice, les longerons ne peuvent être considérés que comme reposant chacun sur deux

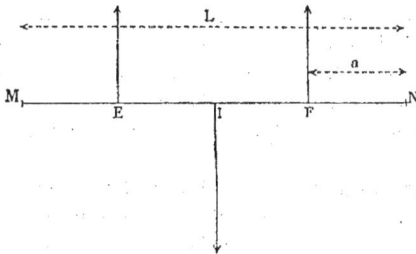

Fig. 43.

points fixes E et F symétriques par rapport au milieu I et correspondant aux axes des essieux des roues (fig. 43).

Les points d'application de la charge varieront, comme nous le verrons plus tard, avec la nature des produits à transporter. Mais si l'on désigne par μ le moment fléchissant à la section dangereuse du longeron ou, autrement dit, le moment fléchissant maximum, si l'on conserve les mêmes notations que tout à l'heure et si enfin l'on admet pour coefficient de résistance le chiffre trouvé précédemment, on aura l'équation générale :

$$\mu = 1,50 \times \frac{I}{V\delta}. \tag{1}$$

Telle est l'expression qui permettra de calculer, dans tous les cas de la pratique, les dimensions à donner aux châssis.

IV. — BOITES A HUILE.

Il existe un grand nombre de boîtes à huile ; celles qui nous ont paru les plus recommandables sont la boîte à huile à alimentation pneumatique décrite dans l'album de M. Decauville, et celle qui est fournie par la maison de Dietrich et Cie, de Lunéville. Voici la description de cette dernière.

Elle comprend quatre parties distinctes (fig. 44) [1] :

1° Le *dessus* K, en fonte, fixé directement aux longerons au moyen de deux boulons L à embase carrée ;

2° Le *demi-coussinet* M, en bronze, qui doit être ajusté exactement dans la partie précédente ;

3° Le *dessous* N, en fonte, formant réservoir à huile, et fixé à la partie supérieure de la boîte par les boulons L ;

4° Le *tampon-graisseur*, type réduit de celui qu'ont adopté les grandes compagnies et formé d'une petite plaque rectangulaire T munie, à ses deux extrémités, de talons U découpés suivant la courbure de la fusée ; la plaque et les talons sont en bois, un ressort à spirale les applique continuellement contre la fusée ; la partie supérieure est munie d'un gousset en coton avec mèches pendant dans le réservoir.

Le trou de graissage Q est fermé hermétiquement par une rondelle en cuir et une vis à tête large tournant à la main. La face supérieure R de l'orifice est au même niveau que la partie inférieure de l'ouverture S qui livre passage à la fusée ; de cette manière il est facile de constater si le réservoir est plein.

La disposition adoptée pour la partie inférieure N est très avantageuse au point de vue du nettoyage. Il suffit, en effet, pour la dégager, de desserrer les écrous P, sans que l'on soit obligé de lever le wagonnet ou de démonter complètement la boîte.

Quand le châssis dépasse les roues, ce qui est le cas le plus général, ainsi que nous l'avons déjà dit, les boîtes à huile sont à l'extérieur. Quand, au contraire, le châssis est disposé entre les roues, les boîtes à huile sont nécessairement à l'intérieur, et le graissage est un peu plus difficile.

---

1. Les figures 40, 44, 45, 49 à 51, 56, 58, 60, 65 et 66 ont été dessinées dans les ateliers de la Maison de Dietrich et Cie, sur nos indications et par les soins de M. Demonet, ingénieur civil à Nancy.

V. — Dispositifs employés pour le transport des bois de service et d'industrie.

Comme nous l'avons déjà fait remarquer, la partie supérieure d'un wagonnet destiné aux exploitations forestières doit varier suivant la nature des produits à transporter.

Pour transporter les bois de service et d'industrie, on les fait reposer sur deux véhicules qui doivent, à cet effet, être munis chacun d'un chevalet doué d'une grande mobilité dans le sens horizontal, afin de faciliter le passage dans les courbes.

Pour assurer ce mouvement, on peut employer différents procédés. Le plus simple est représenté sur la figure 45.

Chevalet droit à glissières. — Le chevalet mobile est formé d'une pièce Q en fer armée de deux ranchers R également en fer et portant, vers ses extrémités, deux petites glissières S qui s'appuient sur un cercle de glissement O en fer plat. Ce dernier est fixé, au moyen de rivets, sur le châssis inférieur et sur des flèches P solidement reliées, à l'aide d'équerres, aux traverses extrêmes K et à des traverses intermédiaires L en fer C.

La pièce Q peut tourner autour d'un axe M emmanché dans une plaque rectangulaire portée par les traverses L.

Pour faciliter le chargement et le déchargement, les ranchers peuvent être séparés à volonté de la traverse qui les supporte ; à leur partie supérieure, ils sont percés d'un trou qui permet de les relier, par des chaînes ou des cordes, afin de maintenir la charge pendant la circulation.

Enfin, pour éviter toute déformation, les longerons I et les traverses extrêmes K sont reliés ensemble par une grande tôle rectangulaire N courant de chaque côté et tout le long du châssis.

Avec ce système, le mouvement du chevalet ne peut s'effectuer qu'en produisant un frottement relativement considérable, frottement qui peut être assez grand pour empêcher le châssis inférieur de prendre rapidement les positions qu'il doit occuper dans le passage des courbes, et, par conséquent, pour entraîner un déraillement.

Chevalet droit à galets. — On peut éviter en partie cet inconvénient, en remplaçant (fig. 46) les glissières par quatre supports portant des galets S qui roulent sur le cercle O.

Dans ce système, la pièce Q du chevalet tourne avec son axe M, et toute la charge se trouve reportée sur les galets ; en sorte que le frottement de glissement est remplacé par un frottement de roulement qui, comme chacun le sait, est beaucoup moins considérable que le premier.

Chevalet droit monté sur billes. — On détruirait le frottement de glissement sur l'axe et l'on atténuerait considérablement le frottement de roulement en montant le chevalet sur billes (fig. 47). A cet effet, un disque O portant une rainure circulaire dans laquelle puissent se mouvoir librement un certain nombre de billes, serait fixé solidement dans l'axe du wagonnet, au moyen d'une traverse L reliée aux longerons. D'autre part, le chevalet serait muni, à sa partie inférieure, d'une plaque S posée simplement sur les billes, et dont le mouvement serait guidé par un rebord ménagé à l'extérieur du disque O.

Si l'on craignait que l'appareil ainsi disposé n'eût pas une stabilité suffisante, on pourrait maintenir la plaque supérieure S (fig. 47 *bis*) au moyen d'un anneau *n* relié au disque O par quatre boulons traversant des renflements *r* ménagés à la surface extérieure de ce disque.

Mais alors, pour que le chevalet pût passer au-dessus de la tête de ces boulons, il faudrait soit le remonter d'une certaine hauteur, soit en modifier légèrement la forme.

Il est à remarquer que des trous T, T′, T″... ont été ménagés dans le chevalet, afin de pouvoir, suivant la grosseur ou le nombre des pièces à transporter, déplacer à volonté les ranchers, que l'on maintient en place à l'aide de chevilles. Il est bien clair, du reste, que cette disposition peut être adoptée dans les systèmes de chevalets précédents.

Chevalet à selle et à bascule. — Les chevalets droits que nous venons de décrire seront surtout utilisés pour le transport des pièces de bois que l'on peut charger en plus ou moins grand nombre sur deux voitures accouplées, telles que perches, planches, tronces ou bois de charpente de faible diamètre. Mais pour les gros bois que l'on transporte isolément, il peut être préférable, notamment dans les terrains difficiles, d'employer un chevalet en forme de selle et doué d'un mouvement de bascule. Cette disposition a pour avantage de faciliter le déchargement et de faire porter, en outre, pendant la circulation, la charge sur le milieu du wagonnet, de telle façon que la pression soit à peu près également répartie sur les roues.

Le mouvement horizontal de rotation du chevalet peut être produit par l'un des systèmes précédents. Nous pensons que ce serait peut-être le cas d'appliquer surtout ici le montage sur billes et en voici les raisons : D'abord, la stabilité deviendrait suffisante, parce que l'on pourrait réduire sensiblement la longueur du chevalet ; et en second lieu, c'est surtout dans le transport des gros bois isolés qu'il faut diminuer le frottement, afin d'éviter les déraillements dans le passage des courbes.

Quant au mouvement de bascule, on peut l'obtenir de la manière suivante (fig. 48) : la traverse du chevalet porte, en son milieu, deux flasques H entre lesquelles est engagé un bras double R pouvant tourner dans un plan vertical autour d'un axe F. Ce bras est maintenu, pendant le transport, par deux fortes chaînes U et U' munies de crochets V et V'. Si l'on veut décharger l'arbre du côté U', par exemple, il suffit de décrocher la chaîne U et le déchargement se fait instantanément.

Rappelons que dans ce genre de transport, qui n'exige qu'une faible largeur de chargement, le châssis peut, par raisons d'économie et de stabilité, être placé à l'intérieur des roues.

VI. — DISPOSITIFS EMPLOYÉS POUR LE TRANSPORT DU BOIS DE CHAUFFAGE.

Le véhicule le plus simple pour le transport du bois de chauffage est le wagonnet à plate-forme. Le châssis, long de $1^m,10$ et large de $0^m,84$, est recouvert d'un plancher en sapin, qui y est fixé à l'aide de boulons (fig. 49). A chaque bout du wagonnet, et sur les traverses extrêmes, deux ranchers R en fer C, reliés par une barre en fer rond B, servent, d'une part, à maintenir la charge et à donner, d'autre part, plus de facilité à l'ouvrier pour pousser le véhicule.

Pour empêcher toute déformation du châssis inférieur, les longerons et les traverses sont reliés par quatre équerres C et quatre goussets D en tôle.

Le wagonnet représenté par la figure 46 peut aussi servir au transport du bois de chauffage. Il suffit, pour cela, d'enlever le chevalet mobile et d'engager 4 ranchers R dans des chapes E ménagées aux extrémités de la voiture.

Enfin l'on peut utiliser pour cet usage un long châssis A de $5^m,20$ de longueur et de $0^m,90$ de largeur que l'on fait reposer sur deux wagonnets à chevalet mobile (fig. 50).

Ce châssis doit être construit le plus légèrement possible, afin qu'il puisse être transporté par quatre ouvriers. Celui qui est représenté sur la figure 50 ne pèse que 180 à 190 kilogr. Il se compose de deux longerons en fer C de $\dfrac{100 \times 38}{6}$ reliés par des traverses en cornières et armés de tirants C D E qui permettent d'en réduire considérablement le poids. On pourrait aussi, dans ce cas, supprimer le plancher en bois.

Des ranchers R peuvent être placés dans des chapes G sur les quatre faces pour maintenir les pièces de bois, et peuvent être enlevés à volonté si le chargement l'exige.

VII. — DIMENSIONS DU CHASSIS.

Nous avons établi, dans le paragraphe III du présent chapitre, la formule générale qui sert à calculer les dimensions du châssis.

$$\mu = 1,50 \times \frac{I}{V\delta}.$$

Le moment fléchissant maximum étant différent suivant que les wagonnets sont à plate-forme ou à chevalets, nous diviserons la question :

1° *Wagonnets à plate-forme.* — Dans le cas des wagonnets à plate-forme, la charge est uniformément répartie comme dans l'exemple qui a servi à calculer le facteur 1,50. Si donc nous désignons par a la distance FN de l'essieu à l'extrémité du longeron (fig. 43) ou, autrement dit, la longueur du porte-à-faux de cette pièce, le moment fléchissant maximum sera $\frac{1}{2} p a^2$, et la formule générale deviendra :

$$\frac{1}{2} p a^2 = 1,50 \frac{I}{V\delta}.$$

Mais en appelant L la longueur du longeron, et P la charge totale portée par le châssis, la pression p par unité de longueur sera égale à $\frac{P}{2L}$, ce qui donnera :

$$\frac{1}{4} \frac{P a^2}{L} = 1,50 \frac{I}{V\delta}$$

ou

$$\frac{1}{6} \frac{P a^2}{L} = \frac{I}{V\delta}. \tag{2}$$

Cette équation va nous permettre de résoudre les trois problèmes suivants :

1° Étant donnés la charge P et le porte-à-faux a, déterminer les dimensions du châssis.

2° Étant donnés les dimensions du châssis et le porte-à-faux a, calculer la charge qu'il pourra supporter d'une manière permanente.

3° Étant données les dimensions du châssis et la charge P, calculer la valeur a qu'il ne faut pas dépasser pour le porte-à-faux.

Si le châssis est en fer, on peut simplifier la résolution de ces problèmes en faisant usage des albums publiés par les maîtres de forges et dans lesquels figurent les valeurs de $\dfrac{I}{V \delta}$ vis-à-vis les dimensions les plus généralement admises dans la pratique.

Nous donnons ci-dessous un extrait de ces valeurs, pour les fers en **C**, tiré de l'album de la Société de la Providence de Hautmont (Nord).

DIMENSIONS DES FERS.			SECTION ou surface.	POIDS par mètre.	VALEURS de V.	VALEURS de $\dfrac{I}{\delta}$.	VALEURS de $\dfrac{I}{V\delta}$.
Hauteur.	Largeur.	Épaisseur.					
(1)	(2)	(3)	(4)	(5)	(6)	(7)	(8)
				kilogr.			
60	36	8	972	7,6	30	462480	15416
»	38	10	1092	8,5	»	498480	16616
80	50	8	1369	10,7	40	1258160	31454
»	52	10	1529	12,0	»	1343480	33587
100	39	6	1216	9,5	50	1733750	34675
»	44	11	1716	13,3	»	2150400	43008
104	62	8	1766	13,8	52	2848612	54781
»	64	10	1974	15,5	»	3036072	58386
120	38	8	1600	12,5	60	2971980	49533
»	42	12	2080	16,0	»	3547980	59133
120	45	8	1843	14,4	60	3665880	61098
»	49	12	2323	18,2	»	4241880	70698
140	45	7	1868	14,6	70	5218220	74546
»	51	13	2708	21,0	»	6590220	94146
160	45	7	1894	14,8	80	6670640	83383
»	50	12	2694	21,0	»	8377280	104716
160	43	7 1/2	2176	17,0	80	7873280	98416
»	50	14	3216	25,5	»	10262560	128282
175	51	9	2944	23,0	87,5	12755837	145781
»	57	15	3994	31,5	»	15435525	176406
175	60	8	2496	19,5	87,5	10660037	121829
»	64	12	3196	25,0	»	12446525	142246
200	70	9	3366	26,3	100	17997900	179979
»	75	14	4366	32,2	»	21331200	213312
220	70	10	3584	28,0	110	23886390	217149
»	74	14	4464	35,0	»	27435760	249416
235	50	10	3456	27,0	117,5	24078100	204920
»	55	15	4631	36,5	»	29485567	250941
250	80	10	4096	32,0	125	35481750	283854
»	85	15	5346	42,0	»	41992250	335938
250	90	11	5094	39,8	125	46127875	369023
»	95	16	6344	49,5	»	52638250	421106

Voyons maintenant comment nous allons nous servir de cette table pour la résolution pratique du premier problème, par exemple.

Faisons $P = 1.500^{kg}$, $L = 1.500^{mm}$, $a = 500^{mm}$; nous trouverons :

$$\frac{1}{6}\frac{P a^2}{L} = 41.667.$$

Prenons, dans la colonne (8) de la table, le chiffre 43.008 immédiatement supérieur à celui que nous venons de trouver; les dimensions correspondantes des colonnes (1), (2) et (3) sont 100, 44 et 11.

Pour la résolution du deuxième problème, nous prendrons dans les colonnes (1), (2) et (3) les dimensions données pour le châssis, ou les dimensions immédiatement inférieures, et nous lirons le chiffre correspondant de la colonne (8); ce chiffre sera mis dans l'équation (2) à la place du second membre.

Exemple : Les dimensions du châssis sont 160, 50 et 12, le porte-à-faux est égal à 750 millimètres et la longueur du longeron est égale à 2.000 millimètres.

Le second membre étant égal à 104.716, on a :

$$\frac{\frac{1}{6}P \times 750^2}{2.000} = 104.716$$

d'où

$$P = \frac{104.716 \times 6 \times 2.000}{750^2} = 2.234 \text{ kilogr.}$$

La résolution du troisième problème n'est pas plus difficile.

Si le châssis est en bois, le coefficient de résistance à la flexion étant à peu près dix fois plus petit que celui du fer, on prendra ce coefficient égal à 0,15 par millimètre carré.

Si l'on remarque en outre que, dans le cas d'une section rectangulaire dont les dimensions sont b et c, $\frac{I}{\nabla \delta}$ est égal à $\frac{1}{6} b c^2$, l'équation d'équarrissage deviendra, dans le cas d'une charge uniformément répartie :

$$\frac{1}{4}\frac{P a^2}{L} = 0,150 \times \frac{1}{6} b c^2$$

d'où :

$$b c^2 = 10 \frac{P a^2}{L}.$$

Ordinairement on fait $b = \dfrac{5}{7}\, c$, l'équation devient alors :

$$c^3 = 14\, \frac{P\, a^2}{L}. \qquad (3)$$

Cette formule nous permettra de résoudre trois problèmes analogues à ceux que nous avons indiqués à propos des châssis en fer.

Supposons, par exemple, que l'on veuille trouver les dimensions d'un cadre en bois destiné à supporter une charge uniformément répartie de 1.500 kilogr., la longueur des longerons étant égale à 1.500 millimètres et celle du porte-à-faux à 500 millimètres.

On trouvera immédiatement :

$$c^3 = 14 \times \frac{1.500 \times 250.000}{1.500} = 3.500.000$$

d'où :

$$c = 152$$

et

$$b = \frac{5}{7} \times 152 = 108.$$

Les dimensions de la section d'équarrissage seront 152 millimètres et 108 millimètres.

La résolution des deux autres problèmes sera tout aussi facile.

2° *Wagonnets à chevalets.* — Dans le cas des glissières (fig. 45) et des billes (fig. 47), la charge est supportée complètement par les traverses intermédiaires L et par conséquent répartie sur chaque longeron en deux points symétriques par rapport au milieu de cette pièce. Dans le cas des galets (fig. 46), la charge est répartie tout entière sur le cercle de roulement qui repose également en deux points équidistants du milieu de chacun des longerons.

Or, on sait qu'une pièce sollicitée par deux forces égales et symétriques par rapport à son milieu, se trouve dans les mêmes conditions de résistance que si les deux forces étaient appliquées en ce milieu. Si donc nous remarquons (fig. 43), en conservant les notations précédentes, que la charge supposée appliquée au milieu de chaque longeron est égale à $\dfrac{P}{2}$ et que la distance des appuis est P (L — 2 a), la formule générale d'équarrissage sera

$$\frac{P}{8}(L - 2\,a) = 1,50\, \frac{I}{V\,\delta}$$

ou

$$\frac{P}{12}(L-2a)=\frac{I}{V\delta}. \qquad (4)$$

Si le châssis est en fer, on en calculera les dimensions comme dans le cas précédent.

Exemple : $P=1.500^{kg}$. $L=1.500^{mm}$ et $a=500^{mm}$.

Avec ces chiffres, le premier membre de l'équation (4) est égal à 62.500 et cette équation devient :

$$62.500=\frac{I}{V\delta}.$$

Ce qui donne 120 millimètres, 45 millimètres et 8 millimètres pour les dimensions cherchées.

Si le châssis est en bois et si b et c sont les dimensions de la section à déterminer, $\dfrac{I}{V\delta}$ étant égal à $\dfrac{1}{6}bc^2$, l'équation d'équarrissage deviendra :

$$\frac{P}{12}(L-2a)=0{,}150\times\frac{1}{6}bc^2$$

et en faisant $b=\dfrac{5}{7}c$:

$$\frac{P}{12}(L-2a)=0{,}150\times\frac{1}{6}\times\frac{5}{7}c^3$$

ce qui donne :

$$c^3=4{,}67\,P(L-2a). \qquad (5)$$

Exemple : $P=2.000$, $L=1.200^{mm}$, $a=400^{mm}$.
On trouve

$$c^3=4{,}67\times2.000\times400=3.736.000$$

d'où

$$c=155^{mm} \quad \text{et} \quad b=\frac{5}{7}\times155^{mm}=110^{mm}.$$

Les autres problèmes seront résolus de la même façon.

VIII. — MODE D'ATTELAGE DES WAGONNETS.

L'introduction de tampons à ressort pour la traction et le choc constituerait, pour les wagonnets forestiers, une grande complication sans amener de réels avantages. Les forestiers allemands ont fait des expériences à cet égard, et ils ont reconnu généralement qu'ils ne sont utiles que dans le cas où la force motrice est produite par une locomotive.

Mais si le tampon à ressort n'est pas indispensable, il ne faut pas oublier cependant qu'il est nécessaire d'introduire une certaine élasticité dans le dispositif employé pour l'accouplement des véhicules. On obtient un résultat très satisfaisant en reliant les voitures à l'aide d'une flèche en bois de sapin, de 0,08 à 0,10 d'équarrissage, munie d'un anneau fixé à chacune de ses extrémités.

Quant au mode d'accrochage de cette flèche aux wagonnets, il est différent suivant que ceux-ci sont ou non pourvus de chevalets.

Les châssis destinés au transport du bois de chauffage sont munis, à chacune de leurs extrémités, d'un tampon central formé tout simplement (fig. 49) d'une équerre double X garnie d'une pièce de bois Y qui a pour but de fournir une certaine élasticité dans le cas d'un choc; ce tampon est armé, en outre, d'un crochet Z, à bec recourbé, dans lequel vient s'engager un des anneaux de la flèche.

Dans les wagonnets destinés au transport des bois d'œuvre, il est préférable d'accrocher la flèche à la traverse mobile du chevalet, comme le montre la figure 51. Avec cette disposition, il y a moins de raideur quand le train passe dans les courbes, et par conséquent moins de chances de rupture dans l'attelage. Le crochet qui a été adopté a une forme spéciale; il est muni d'un renflement extérieur en forme d'ergot; on donne à l'anneau une ouverture dont le diamètre dépasse d'une faible quantité l'intervalle entre le bec et la pointe de l'ergot du crochet. De cette façon l'accrochage est facile, et d'un autre côté la flèche ne peut pas se détacher du crochet pendant la circulation; car si les deux wagonnets accouplés tendent à se rapprocher, la partie interne de l'anneau ira se loger sous l'ergot.

On peut aussi accrocher la flèche à l'axe même de la traverse mobile (fig. 46); il suffit pour cela d'entourer cet axe d'une douille mobile portant les crochets d'attelage, de telle sorte que la rotation de ces derniers soit indépendante de celle du chevalet. Ce dispositif ayant pour effet d'abaisser le point d'attache, il y a moins de chances de rupture pour l'axe. Pour assurer la liaison invariable des wagonnets qui composent le train, il faut que l'ouverture du crochet ne dépasse que d'une faible quantité le diamètre du fer rond de l'anneau.

Il est clair que le mode d'attelage pour les châssis peut aussi être appliqué dans les wagonnets destinés au transport des bois d'œuvre (fig. 45), mais les expériences faites jusqu'alors ont démontré que l'accouplement par les chevalets est préférable.

On ne rattache pas par des flèches les deux wagonnets destinés à supporter les deux bouts des longs bois; ces wagonnets soût reliés par les bois eux-mêmes.

CHAPITRE VI

Des freins.

I. — NÉCESSITÉ DES FREINS.

Un wagonnet de poids P, abandonné à lui-même sur une voie d'inclinaison α, est sollicité par une force P sin α qui tend à l'entraîner, et par une force contraire fP cos α qui n'est autre chose que la résistance au roulement, f étant le rapport de cette résistance à la pression normale ou, autrement dit, le coefficient de roulement (fig. 52).

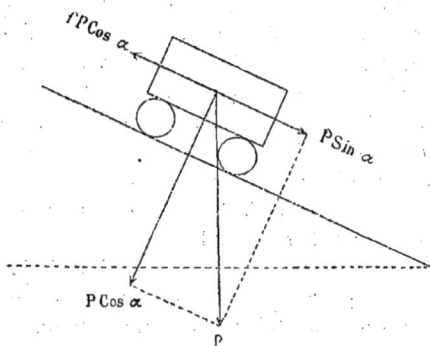

Fig. 52.

Si la force d'entraînement P sin α est plus grande que la force retardatrice fP cos α, ou, ce qui revient au même, si $tg\ \alpha$ est plus grand que f, le wagonnet prendra un mouvement uniformément accéléré. En désignant par W l'accélération de ce mouvement et par v et e la vitesse et le chemin parcouru considérés au même instant, on a la relation :

$$v = \sqrt{2We};$$

d'autre part, en appelant φ l'angle de frottement de roulement, et g l'accélération due à la pesanteur, on a :

$$W = g \cdot \frac{\sin(\alpha - \varphi)}{\cos\varphi}$$

d'où

$$v = \sqrt{2ge\frac{\sin(\alpha - \varphi)}{\cos\varphi}} \qquad (1)$$

Sur un alignement droit, et en négligeant l'action de l'air, la résistance au roulement comprend deux termes : le frottement des fusées sur leurs coussinets, et la résistance tangentielle qu'éprouve la roue de la part du rail.

D'après M. Claudel, le frottement des essieux peut être représenté par $0{,}05\ P\ \dfrac{d}{D}$, d étant le diamètre de la fusée, et D le diamètre moyen de la roue. Le rapport $\dfrac{d}{D}$ pouvant être en moyenne de $\dfrac{1}{10}$, on peut admettre que le frottement cherché est $0{,}005\ P$, ce qui porte ainsi à $0{,}005$ le coefficient de ce frottement. D'autre part, la résistance qui s'exerce entre la roue et le rail étant de $0{,}001\ P$, on arrive à un total de $0{,}006$ pour le coefficient de roulement.

L'angle dont la tangente est égale à $0{,}006$ étant de 20′, c'est cette dernière valeur que nous adopterons pour l'angle du frottement de roulement, angle que nous avons désigné tout à l'heure par φ.

Cela étant, si nous voulons savoir quelle serait, après 30 m de parcours, la vitesse d'un wagonnet sur une pente de 5 p. 100, nous chercherons l'angle α dont la tangente est égale à 0,05 ; cet angle étant de 2°,52′, nous en conclurons que l'angle α — φ est égal à 2°,32′, et la formule (1) deviendra :

$$v = \sqrt{2 \times 9{,}81 \times 30 \times \frac{\sin 2°32'}{\cos 20'}} = 5^m{,}10.$$

Cette vitesse est déjà supérieure à la limite que nous nous sommes imposée. Comme elle ne ferait que s'accroître avec la longueur du trajet, il est nécessaire de créer une force retardatrice capable non seulement de ralentir le mouvement et de le maintenir à la vitesse que l'on aura choisie, mais de l'arrêter complètement dans certains cas particuliers.

C'est à l'aide de freins que nous produirons cette force retardatrice.

Les freins à employer dans notre matériel roulant seront à peu près semblables à ceux des voitures qui circulent sur des routes accidentées. Ils saisiront les roues des wagonnets par des sabots qui les presseront fortement et développeront, au point de contact, un frottement considérable qui sera cette fois un frottement de glissement.

La puissance d'un frein est la pression maximum qu'il est capable d'exercer sur les roues.

Si nous la désignons par P_1, et par f_1 le coefficient de frottement des sabots sur les roues, la force tangentielle retardatrice AB à laquelle elle peut donner lieu sera $f_1 P_1$ (fig. 53).

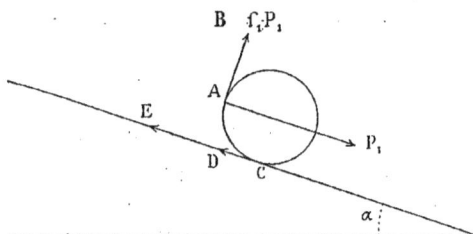

Fig. 53.

D'autre part, si le wagonnet descend un alignement droit incliné de l'angle α sur l'horizon, le frottement de roulement sera, comme nous l'avons dit tout à l'heure, égal à $f P \cos\alpha$; représentons-le en grandeur et en direction par la tangente CD.

Il résulte de là que si le frein est complètement serré, la force totale qui s'opposera au roulement sera $f_1 P_1 + f P \cos\alpha$, et elle pourra être représentée par la tangente CE dont la longueur est égale à AB + CD.

Cela étant, proposons-nous de chercher quelle doit être la puissance x d'un frein pour qu'il soit capable d'enrayer les roues.

Pour résoudre ce problème, nous supposerons que la force qui entraîne le wagonnet est supérieure au frottement de glissement qui se produirait entre les rails et les roues si ces dernières étaient enrayées, force qui est égale à $f' P \cos\alpha$, f' étant le coefficient du glissement considéré.

Tant que la force $f_1 x + f P \cos\alpha$ qui s'oppose au roulement sera inférieure à la force $f' P \cos\alpha$ qui s'oppose au glissement, les roues continueront à tourner. Mais il est clair que les roues ne tourneront plus, c'est-à-dire qu'elles seront enrayées, quand l'inégalité changera de signe, c'est-à-dire lorsque l'on aura :

$$f_1 x + f \mathrm{P} \cos\alpha > f' \mathrm{P} \cos\alpha,$$

puisque le glissement sur les rails donnera lieu à une somme de résistances moindre que dans le cas du roulement.

Cette inégalité peut s'écrire :

$$x > \frac{f' - f}{f_1} \mathrm{P} \cos\alpha.$$

D'après les expériences du général Morin, le coefficient de frottement des métaux sur les métaux pouvant varier de 0,15 à 0,20 et celui du bois sur le fer de 0,25 à 0,62, nous prendrons, pour rester dans les conditions les plus défavorables, f' égal à 0,15 et f_1 égal à 0,15 ou à 0,25 suivant que les sabots seront en fer ou en bois.

Dans ces conditions, f étant très petit par rapport à f', et d'autre part $\cos\alpha$ étant généralement très voisin de l'unité, si l'on supprime ces deux quantités dans l'inégalité précédente, on aura dans l'expression $\dfrac{f' \mathrm{P}}{f_1}$ une limite de la valeur de x, limite qui ne s'écartera pas beaucoup de la valeur réelle, comme on peut s'en assurer en prenant un exemple numérique.

Supposons, pour fixer les idées, que l'on emploie des sabots en fer sur une pente de 5 p. 100 ; le cosinus correspondant à cette déclivité étant de 0,99875, l'expression $\dfrac{f' - f}{f_1} \mathrm{P} \cos\alpha$ devient égale à $\dfrac{0,15 - 0,006}{0,15} \times 0,99875\, \mathrm{P}$, c'est-à-dire égale à 0,96 P, tandis que l'expression simplifiée est égale à P.

Enfin, si l'on remarque que $\dfrac{f' \mathrm{P}}{f_1}$ est égal à $\dfrac{0,15}{0,25}\, \mathrm{P}$ ou à 0,60 P dans le cas du frottement du bois sur le fer, nous pourrons dire que la puissance d'un frein nécessaire pour enrayer les roues devra être égale au poids total du véhicule si l'on fait usage de sabots en fer, et aux 0,60 seulement de ce poids si l'on se sert de sabots en bois.

On admet, en général, qu'il est bon, dans la pratique, de tenir la pression des freins un peu au-dessous de ces limites et de laisser aux roues leur mouvement de rotation. On épargne ainsi aux rails une cause d'usure des plus destructives, celle du frottement de glissement. Il est vrai qu'en agissant ainsi, on en fait naître une autre, celle provenant du glissement des roues contre les sabots ; mais celle-ci est moins grave, parce qu'elle est répartie uniformément sur tout le contour, tandis que si la roue est enrayée, le bandage, en glissant, porte toujours sur le même point, et il s'y produit un méplat qui rend ensuite son roulement irrégulier.

Il convient donc que la pression des freins se rapproche de leur puissance effective pour perdre le moins possible de la force retardatrice que ces freins doivent fournir ; mais il est désirable qu'elle ne s'en rapproche pas assez pour enrayer les roues.

II. — Nombre de voitures a frein a introduire dans un train.

La détermination du nombre de voitures à frein à introduire dans un train peut être envisagée sous deux points de vue différents : ou bien les freins seront seulement destinés à détruire l'accélération du mouvement et à donner au train une vitesse uniforme, vitesse que l'on aura choisie à l'avance, ou bien ces freins devront être assez nombreux pour qu'il soit possible d'arrêter le train à un moment donné.

Dans le premier cas, la question est très facile à résoudre ; appelons :

P le poids total du train ;

p le poids des wagonnets à frein (charge comprise) ;

α l'inclinaison de la voie.

Lorsqu'un train devra descendre sur une voie d'inclinaison α, on lui laissera prendre la vitesse que l'on aura choisie ; pour maintenir cette vitesse, il faudra faire en sorte que les forces retardatrices soient égales aux forces motrices ; or ces dernières ont pour valeur $P \sin \alpha$ (voir le paragraphe I) ; quant aux forces retardatrices, c'est d'une part le frottement de glissement $f'p \cos \alpha$ déterminé par le poids p [1], et d'autre part le frottement de roulement $f(P-p) \cos \alpha$ développé par les wagonnets non munis de frein. On devra donc avoir :

$$P \sin \alpha = f'p \cos \alpha + f(P-p) \cos \alpha.$$

Divisons par $\cos \alpha$, il viendra :

$$P \operatorname{tg} \alpha = p(f'-f) + fP.$$

---

[1]. On admet que les roues des wagonnets à frein sont complètement enrayées.

d'où

$$\frac{p}{P} = \frac{\mathrm{tg}\,\alpha - f}{f' - f} = \frac{\mathrm{tg}\,\alpha - 0,006}{0,15 - 0,006} = \frac{\mathrm{tg}\,\alpha - 0,006}{0,144}. \qquad (2)$$

Exemple : Sur une pente de 4 p. 100, le rapport de $\frac{p}{P}$ sera égal à

$$\frac{0,04 - 0,006}{0,144} = \frac{0,034}{0,144} = 0,25.$$

Si tous les wagonnets avaient le même poids, il faudrait une voiture à frein sur quatre.

La deuxième question se pose de la manière suivante : quel est le nombre de freins à placer dans un train, pour qu'on puisse l'arrêter sur une pente tg α?

Supposons que ce train descende la pente avec une vitesse V que jusqu'alors nous avons maintenue uniforme en satisfaisant à la condition du problème précédent. Nous ne pourrons l'arrêter qu'après un certain parcours L déterminé par cette condition que la somme algébrique des travaux considérés sur ce parcours soit égale à la demi-variation de force vive. Or, celle-ci a pour valeur $\frac{1}{2}\frac{PV^2}{g}$; posons donc :

$$f'p\,\mathrm{L}\cos\alpha + f(\mathrm{P} - p)\,\mathrm{L}\cos\alpha - \mathrm{PL}\sin\alpha = \frac{\mathrm{P}V^2}{2g}.$$

Divisons par L ; il viendra :

$$f'p\cos\alpha + f(\mathrm{P} - p)\cos\alpha - \mathrm{P}\sin\alpha = \frac{\mathrm{P}V^2}{2g\,\mathrm{L}}.$$

L'angle α étant généralement très petit, on peut remplacer le sinus par la tangente et le cosinus par l'unité ; il vient alors :

$$p(f' - f) - \mathrm{P}(\mathrm{tg}\,\alpha - f) = \frac{\mathrm{P}V^2}{2g\,\mathrm{L}}$$

d'où :

$$\frac{p}{P} = \frac{\dfrac{V^2}{2g\,\mathrm{L}} + \mathrm{tg}\,\alpha - f}{f' - f}. \qquad (3)$$

Exemple : $V = 3^m$. $L = 50^m$ $\mathrm{tg}\,\alpha = 0,03.$

$$\frac{p}{P} = \frac{\dfrac{9}{19,62 \times 50} + 0,024}{0,144} = 0,25.$$

Si tous les wagonnets avaient le même poids, il faudrait, comme dans le cas précédent, une voiture à frein sur quatre.

III. — RÔLE DE LA VIS DANS LES FREINS.

La vis étant un organe important des freins les plus puissants, qu'elle soit employée pour la transformation d'un mouvement circulaire en mouvement longitudinal, ou pour la transformation d'un mouvement circulaire en un autre mouvement circulaire, nous croyons indispensable de remettre, sous les yeux de nos lecteurs, les formules exprimant le rapport qui existe entre les forces qui lui sont appliquées, ainsi que la relation qui lie les chemins parcourus simultanément par ces forces.

Nous ne nous occuperons que de la vis à filet carré, et nous négligerons dans ce qui va suivre les frottements des appuis et le poids des organes de transmission.

1° Vis et écrou.

Supposons d'abord que l'écrou soit fixe et que la vis soit destinée à soulever un poids P dans le sens de son axe (fig. 54).

On admet généralement que le contact entre le filet de la vis et l'écrou ne s'exerce que sur une hélice moyenne, dont la distance r à l'axe AB est intermédiaire entre le rayon du noyau et le rayon extérieur du filet.

Tant que la vis sera au repos, la réaction N de l'écrou sera normale au filet moyen ; mais si on la met en mouvement à l'aide d'une force F appliquée dans un plan perpendiculaire à l'axe, la réaction, comme on le sait, prendra une autre valeur R et s'inclinera sur la normale N d'un angle φ égal à l'angle de frottement.

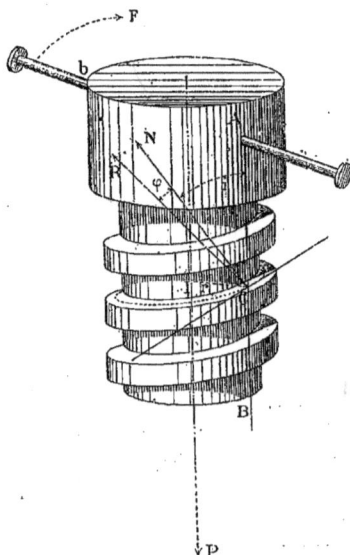

Fig. 54.

Si le mouvement imprimé à la vis est uniforme, il y a équilibre entre la force F, la force P et la somme de toutes les réactions, que nous désignerons par ΣR. Dès lors, la somme algébrique des projections de toutes ces forces sur l'axe de la vis est nulle, ce qui peut s'exprimer par l'équation suivante, dans laquelle i représente l'inclinaison de l'hélice moyenne sur l'horizontale :

$$P - \cos(i + \varphi)\,\Sigma R = 0, \qquad (4)$$

en remarquant que la projection de F est nulle, et que la force P se projette en vraie grandeur.

Pour la même raison, la somme algébrique des moments de toutes les forces par rapport à l'axe de la vis est égale à zéro. Or si b est le bras de levier de la force F, le moment de cette force est égal à Fb. Celui de la force P est nul, puisqu'elle est dirigée suivant l'axe. Pour avoir le moment de la force R, il faut d'abord la projeter sur un plan perpendiculaire à l'axe, puis multiplier la projection obtenue par sa distance r à cet axe, ce qui donne Rr sin $(i + \varphi)$; la somme des moments de toutes les forces analogues étant r sin $(i + \varphi)$ ΣR, l'équation des moments devient :

$$F b - r \sin(i + \varphi)\,\Sigma R = 0. \qquad (5)$$

Divisant membre à membre les équations (5) et (4), nous aurons :

$$\frac{F b}{P} = r \operatorname{tg}(i + \varphi)$$

d'où :

$$F = P \frac{r}{b} \operatorname{tg}(i + \varphi). \qquad (6)$$

Dans le cas où l'on négligerait le frottement, l'on aurait :

$$\frac{F}{P} = \frac{r \operatorname{tg} i}{b}. \qquad (7)$$

Le dernier membre de cette équation indique le rapport entre le chemin que parcourt la puissance et celui que décrit la résistance.

Si la force P devenait la force motrice, et que la vis descendît au lieu de monter, la réaction s'inclinerait en sens contraire, et l'équation (6) deviendrait :

$$F = P \frac{r}{b} \operatorname{tg}(i - \varphi). \qquad (8)$$

Pour $i = \varphi$, on aurait $F = o$; cela veut dire que, dans ce cas, la vis descendrait d'un mouvement uniforme sous l'action seule du poids P.

Pour $i < \varphi$, la force F deviendrait négative, c'est-à-dire que la vis ne pourrait pas descendre sous l'action du poids P, et que la force F devrait changer de signe pour venir en aide à la force P. Nous utiliserons plus tard cette importante propriété de la vis.

Si, au lieu de soulever un poids P, on voulait exercer un effort de haut en bas, toutes les forces changeraient de signe, et l'on retomberait forcément sur l'équation (6).

Enfin, il est bien clair que si la vis n'était susceptible que d'un mouvement circulaire, et que l'écrou pût se mouvoir dans le sens de son axe, de manière à produire un effort P, on retrouverait les équations (6) ou (8) suivant que cet effort devrait être exercé de bas en haut ou de haut en bas.

Remarque. — Le rapport $\dfrac{r}{b}$ tg $(i + \varphi)$ pouvant être très petit, comme le montrent les exemples numériques des paragraphes VI et VII du présent chapitre, le rapport $\dfrac{P}{F}$ de l'effort transmis à l'effort exercé peut être très grand ; de là, l'utilité de la vis dans les freins et dans les appareils de levage.

2° Engrenage à vis sans fin.

Nous supposerons d'abord que la vis n'a qu'un filet ; nous admettrons, en conservant les notations établies précédemment, que la force P est appliquée tangentiellement à une circonférence dont a est la distance à l'axe de la roue ; puis nous désignerons par φ la circonférence primitive de cette roue (fig. 55).

Pour l'équilibre de la vis, on aura comme précédemment (équation 5) :

$$Fb = r \sin (i + \varphi) \Sigma R. \qquad (9)$$

Quant à la roue, elle devra être en équilibre sous l'action de la force P et de la résultante des réactions exercées par la vis, résultante égale et directement opposée à ΣR. Prenons les moments par rapport à l'axe de la roue ; le moment de la force P est Pa. D'autre part, le contact entre la vis et la roue devant nécessairement avoir lieu suivant une ligne xy parallèle à l'axe de la vis et tangente à la circonférence primitive de la roue, le moment de la résultante ΣR est $\rho \cos(i+\varphi) \Sigma R$. Dès lors l'équation des moments peut s'écrire :

$$Pa = \rho \cos(i+\varphi) \Sigma R. \qquad (10)$$

Divisant membre à membre les deux équations (9) et (10), il viendra :

$$\frac{Fb}{Pa} = \frac{r}{\rho} \operatorname{tg}(i+\varphi)$$

ou bien :

$$F = P \frac{ar}{b\rho} \operatorname{tg}(i+\varphi). \qquad (11)$$

En négligeant le frottement, l'équation (11) deviendrait :

$$\frac{F}{P} = \frac{ar \operatorname{tg} i}{b\rho}. \qquad (12)$$

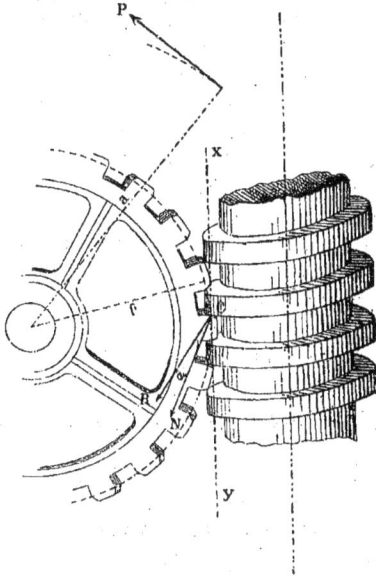

Fig. 55.

Le dernier membre de cette équation indique, comme précédemment, le rapport entre les chemins parcourus par les deux forces en présence.

Les conséquences à tirer de l'équation (12) sont les mêmes que celles que nous avons déduites de l'équation (6).

Dans le cas où la vis aurait deux ou trois filets, le chemin parcouru par la résistance serait 2 ou 3 fois plus considérable, mais il faudrait augmenter la puissance dans la même proportion.

IV. — FREIN A PÉDALE.

Il existe un grand nombre de freins ; nous n'indiquerons que ceux qui nous ont paru les plus propres à être adaptés aux wagonnets forestiers ; nous parlerons d'abord du frein à pédale (fig. 49).

Un arbre horizontal a, fixé aux longerons du châssis, porte deux leviers l disposés de chaque côté, près des roues, et qui agissent sur des sabots s, en bois ou en fonte, par l'intermédiaire de bielles en chape e. Cet arbre porte en outre, en son milieu, un grand levier de manœuvre m à l'extrémité duquel est fixée une pédale p.

Pour enrayer, il suffit d'appuyer le pied sur la pédale p ; dans ce mouvement, le levier m descend, les leviers l remontent et rapprochent ainsi les sabots des jantes des roues.

Dans la figure 49, le rapport des bras de levier n'est pas supérieur à 3, de sorte qu'en admettant le chiffre de 70 kilogr. pour le poids de l'ouvrier, la puissance du frein n'est que de 210 kilogr. Mais rien ne s'oppose à ce que l'on adopte 15 pour le rapport dont nous venons de parler, ce qui porte la puissance du frein à 1.050 kilogr. Dans ces conditions, si l'écart entre les sabots et les jantes est de deux millimètres quand les roues sont libres, la course de la pédale ne dépassera pas trois centimètres, ce qui n'est pas exagéré.

V. — FREIN A LEVIER ET A CONTREPOIDS.

Ce frein est basé sur le même principe que le précédent (voir fig. 45).

Un arbre transversal a porte d'un côté un levier m au bout duquel est disposé un contrepoids p, et de l'autre côté, près des roues, deux petits leviers l qui agissent, par l'intermédiaire de bielles e, sur les deux sabots s.

L'enraiement se produit quand on abandonne le contrepoids à lui-même. Pour maintenir les sabots écartés des jantes, le levier de manœuvre m est fixé à un crochet f par l'intermédiaire d'une chaînette *h ;* cette dernière porte à son extrémité une corde permettant de manœuvrer le frein depuis la partie supérieure du chargement.

Afin de pouvoir régler les sabots après une certaine usure, on a disposé, sur l'arbre transversal *a,* un secteur *d* qui fait corps avec lui ; ce secteur est percé de plusieurs trous qu'on fait correspondre, suivant l'usure des sabots, avec un trou unique pratiqué dans le levier de manœuvre ; un boulon *u* assemble le secteur et le levier.

Le contrepoids ne pèse guère que 10 kilogr., de sorte que pour un rapport de $\frac{1}{15}$ entre les longueurs des bras de levier, la puissance du frein n'est que de 150 kilogr. ; mais pendant la marche l'ouvrier qui conduit le wagonnet peut augmenter de tout son poids celui du contrepoids, et si cet ouvrier pèse 70 kilogr., la pression sur les roues sera $80 \times 15 = 1.200$ kilogr. Nous avons fait remarquer dans l'article précédent, que le rapport du $\frac{1}{15}$ n'entraîne que $0^m,03$ de course pour le centre du contrepoids.

VI. — Frein a vis et a bielles agissant suivant le système Duplex.

Ce frein se compose d'un arbre horizontal en fer *a* dont l'axe est situé dans le plan des axes des essieux, et qui repose sur deux supports *b* reliés aux longerons du châssis ; cet arbre présente, vers ses extrémités, en *c* et *c',* deux parties filetées de pas égal et contraire (fig. 56).

Deux écrous *d* et *d'* de forme spéciale peuvent cheminer le long des filets en se rapprochant ou en s'éloignant l'un de l'autre ; pendant leur course ils agissent, par l'intermédiaire de bielles qui y sont articulées, sur des barres *e* et *e'* auxquelles sont attachés les sabots de serrage *s* et *s'* ; ces bielles sont guidées dans leur mouvement par les supports de l'arbre *a,* qui, à cet effet, sont munis chacun de deux coulisses symétriques.

L'arbre *a* est actionné au moyen de deux cordes *g* et *h* qui, après s'être enroulées sur la presque totalité de la circonférence dans les gorges d'une poulie *i,* sont fixées d'une manière invariable sur ces gorges par l'une de leurs extrémités ; les deux autres extrémités, après leur passage sur une poulie de renvoi *p* à chape articulée, viennent se réunir en *k.*

Pour obvier à l'inconvénient de l'usure des sabots, on a donné une forme carrée à la section de l'arbre qui reçoit la poulie i; on peut ainsi, après une certaine usure, déplacer la poulie d'un quart de tour après avoir changé les points d'attache des cordes.

On voit aisément, à l'inspection de la figure 56, que le serrage et le desserrage peuvent être obtenus en agissant alternativement sur les deux cordes, et que l'ouvrier peut, en raison de la mobilité de la poulie p et de la plus ou moins grande longueur donnée aux cordes g et h, effectuer ce double travail en se plaçant à une certaine distance du wagonnet.

Pour trouver le rapport qui existe entre la pression totale P que la vis exerce sur les écrous d et d' et la pression P' qui en résulte à l'extrémité des sabots de serrage, appliquons le principe des vitesses virtuelles, après avoir désigné par v la vitesse que l'on donne à la vis et par v' celle que l'on veut imprimer aux sabots; nous obtiendrons ainsi l'égalité :

$$Pv = P'v'.$$

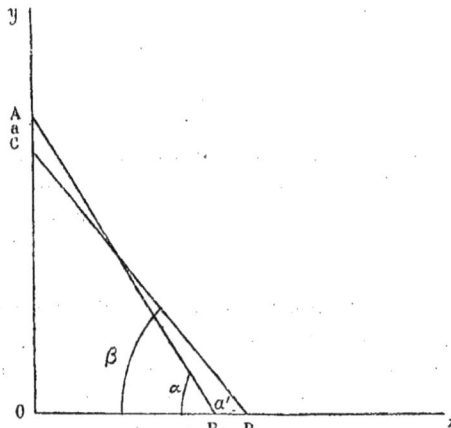

Fig. 57.

Mais si l'on suppose le mouvement uniforme, les vitesses v et v' sont proportionnelles aux chemins parcourus simultanément par les points d'application des forces, de sorte qu'en appelant a le chemin que devra parcourir chaque écrou pour opérer le serrage, c'est-à-dire pour faire disparaître l'intervalle a' qui existe entre les sabots et les roues, nous aurons :

$$Pa = P'a'.$$

Il est facile de trouver une relation entre les deux grandeurs a et a'; d'après la description qui précède, les deux extrémités de chacune des bielles sont assujetties à décrire deux chemins rectangulaires suivant Ox et Oy; pendant que l'extrémité A de la bielle a décrit le chemin A C égal à a, l'autre extrémité B a parcouru le chemin B D égal à a'; or, en désignant par l la longueur invariable de la bielle, puis par α et β les angles que font avec l'axe Ox les deux directions AB et CD, nous aurons successivement :

$$\overline{AO} = l \sin\alpha \qquad \overline{DO} = l \cos\beta$$
$$\overline{CO} = l \sin\beta \qquad \overline{BO} = l \cos\alpha$$
$$a = \overline{AO} - \overline{CO} = l\,(\sin\alpha - \sin\beta)$$
$$a' = \overline{DO} - \overline{BO} = l\,(\cos\beta - \cos\alpha)$$

d'où

$$\frac{a}{a'} = \frac{\sin\alpha - \sin\beta}{\cos\beta - \cos\alpha} = \cot g\,\frac{1}{2}\,(\alpha + \beta)$$

et par suite

$$\frac{P'}{P} = \cot g\,\frac{1}{2}\,(\alpha + \beta). \tag{13}$$

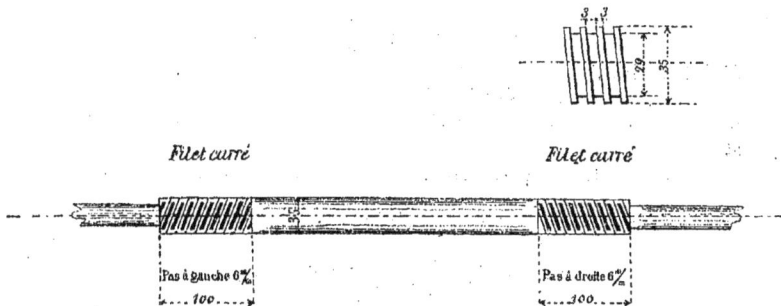

Fig. 58.

Le rapport $\dfrac{P'}{P} = \dfrac{a}{a'}$ se trouve forcément limité ; en effet, l'écart entre les sabots et les roues doit être d'au moins 2^{mm} avant le serrage ; en second lieu le pas de la vis ne peut guère dépasser 8^{mm} ; enfin le serrage doit être opéré en moins d'un tour, dans 9/10 de tour par exemple. Il résulte de là que la limite du rapport $\dfrac{a}{a'}$ est $\dfrac{9}{10} \times \dfrac{8}{2} = 3,6$, ce qui donne :

$$P' = 3,6\,P.$$

Dans le frein de la figure 56, le pas n'est que de 6^{mm} comme le montre la figure de détail n° 58, de sorte que l'on a :

$$P' = \frac{9}{10} \times \frac{6}{2} = 2,7\,P.$$

Quant à la force P transmise par la vis, qui est à filet carré, on peut la déduire de la formule générale (6) :

$$P = F \times \frac{b}{r\,tg(i+\varphi)}$$

dans laquelle F est la valeur de la force unique qui met la vis en mouvement, b le bras de levier de cette force, r le rayon de la vis, i l'inclinaison de la tangente à l'hélice suivant laquelle sont dirigés les filets de cette vis et φ l'angle de frottement.

Ici b n'est autre chose que le rayon de la poulie i de la figure 56, il est égal à 0,11; r est égal à $\frac{1}{2} \times \dfrac{0,029 + 0,035}{2} = 0^m,016$; on prend généralement tg $\varphi = 0,12$, ce qui correspond à un angle de 6°,50'; enfin l'on a dans le cas particulier :

$$tg\,i = \frac{6}{2 \times 3,1416 \times 16} = 0,06$$

d'où l'on tire :

$$i = 3°27'$$
$$i + \varphi = 10°17'$$

et

$$tg\,(i+\varphi) = 0,181.$$

Dès lors, on a, en faisant F = 30 kilogr.

$$P = 30 \times \frac{110}{16 \times 0,181} = 1.140 \text{ kilogr.}$$

et par suite :

$$P' = 1.140 \times 2,7 = 3.078 \text{ kilogr.}$$

telle est la puissance du frein.

Il est facile de calculer quels doivent être les angles α et β pour arriver à ce résultat. On a, d'après ce qui précède :

$$\alpha = l\,(\sin\alpha - \sin\beta) = 2l\sin\frac{\alpha-\beta}{2}\cos\frac{\alpha+\beta}{2}$$

ou

$$\frac{a}{l} = 2\sin\frac{\alpha-\beta}{2}\cos\frac{\alpha+\beta}{2}$$

et

$$\sin\frac{\alpha-\beta}{2} = \frac{1}{2}\,\frac{a}{l\cos\frac{a+\beta}{2}}.$$

Dans le cas particulier a est égal aux $\frac{9}{10}$ du pas, c'est-à-dire à $\frac{9}{10}\times 6^{mm}, = 5^{mm},4$, l a pour valeur 65^{mm} ; quant à l'angle $\frac{\alpha+\beta}{2}$, on le tire de l'équation :

$$\cot g\frac{\alpha+\beta}{2} = \frac{P'}{P} = 2,7$$

d'où

$$\frac{\alpha+\beta}{2} = 20°20'$$

et

$$\cos\frac{\alpha+\beta}{2} = 0,938 ;$$

dès lors on a :

$$\sin\frac{\alpha-\beta}{2} = \frac{1}{2}\,\frac{5,4}{65\times 0,938} = 0,0443.$$

$$\frac{\alpha-\beta}{2} = 2°32', \quad \alpha = 22°52', \quad \beta = 17°48'.$$

Si l'on voulait communiquer une plus grande puissance au frein dont nous nous occupons, on pourrait, comme le montre la figure 48, remplacer les cordes g et h de la figure 56 par une chaîne de Galle h s'enroulant autour de deux tambours dont l'un f est calé sur l'arbre du frein, et dont l'autre f' fait corps avec un autre arbre g que l'on actionne au moyen d'un volant k.

Si l'on donne à chacun des deux tambours le même diamètre ($0^m,22$) qu'à la poulie i de la figure 56, et au volant un diamètre de $0^m,27$, l'effort de 30 kilogr. exercé par le garde-frein produira, à la circonférence du tambour f', une pression de $\frac{27\times 30}{22} = 36^{kg},4$; et si l'on admet que le frottement soit à peu près les 0,20 de l'effort transmis, la pression exercée à la circonférence du tambour f reprendra sensiblement la valeur primitive de 30 kilogr.

On se retrouvera donc, au point de vue de l'effort produit, dans les conditions du système précédent, à cette différence près que l'on sera maître de faire exécuter à l'arbre du frein le nombre de tours que l'on voudra, et que, par suite, on pourra augmenter dans une certaine mesure la puissance de ce frein. Il est bien clair que cette augmentation ne peut être indéfinie, car dans la pratique l'angle β ne doit pas descendre au-dessous d'une. certaine valeur, que l'on peut fixer à 4°.

Cela étant, nous traiterons la question de la manière suivante : la charge de nos wagonnets forestiers ne dépassera jamais 6.000 kilogr. ; dans ces conditions, en admettant que la vis de la figure 48 soit exactement la même que celle de la figure 56, le rapport $\dfrac{P'}{P}$ devra être égal à

$$\frac{6.000}{1.140} = 5,26.$$

Dès lors le chemin parcouru par la force P devra être égal à $2^{mm} \times 5,26 = 10^{mm}, 52$; le nombre de tours de l'arbre du frein devra être $\dfrac{10,52}{6} = 1,8$; et les deux tambours autour desquels s'enroule la chaîne de Galle ayant même diamètre, on en conclut que le garde-frein devra faire exécuter au volant un peu moins de deux tours pour enrayer le wagonnet.

Pour terminer la question, il s'agit de savoir si, pour obtenir le résultat que nous venons d'indiquer, on ne sera pas obligé de dépasser les limites que nous nous sommes imposées en ce qui concerne la grandeur de l'angle β.

Or, de la relation : $\operatorname{cotg} \dfrac{1}{2}(\alpha+\beta) = 5,26$ on tire $\dfrac{1}{2}(\alpha+\beta) = 10° 46'$ et $\sin \dfrac{1}{2}(\alpha+\beta) = 0,187$.

De plus on a :

$$\frac{a'}{l} = \cos\beta - \cos\alpha = 2\sin\left(\frac{\alpha+\beta}{2}\right)\sin\left(\frac{\alpha-\beta}{2}\right)$$

ou, en remplaçant les lettres par leurs valeurs :

$$\frac{2}{65} = 2 \times 0,187 \times \sin\left(\frac{\alpha-\beta}{2}\right)$$

d'où

$$\sin\left(\frac{\alpha-\beta}{2}\right) = \frac{2}{2 \times 65 \times 0,187} = 0,08227$$

et

$$\frac{\alpha-\beta}{2} = 4° 43'.$$

Dès lors, on trouve :

$$\alpha = 10°46' + 4°43' = 15°29'$$

et

$$\beta = 10°46' - 4°43' = 6°3' \, ;$$

ce qui montre que nous sommes restés dans les limites indiquées.

Pour un aussi faible effort, on pourrait adopter une chaîne à un seul maillon, avec 39 dents sur chaque roue, ce qui porterait le pas à $17^{mm},7$; on pourrait donner 20^{mm} à la largeur intérieure de la chaîne.

La figure 46 montre une autre disposition ; sur l'arbre a du frein est calé un pignon t engrenant avec une vis sans fin v qui fait corps avec un autre arbre g actionné par un volant k ; cet arbre repose à l'une de ses extrémités sur un palier, et à l'autre extrémité sur un support h d'une forme spéciale.

On voit, sur le dessin agrandi de la plaque b, les coulisses f et f' qui sont percées dans cette plaque, et dans lesquelles glissent les barres e et e' qui portent les sabots des freins.

Supposons que le diamètre du volant k soit de 230^{mm}, que le diamètre primitif du pignon t soit de 132^{mm}, et que le diamètre moyen du filet de la vis v soit de 60^{mm} ; supposons, en outre, que le pignon ait 20 dents, et la vis deux filets.

Continuons à admettre 30 kilogr. pour l'effort pouvant être produit par le garde-frein ; et cherchons, afin de pouvoir utiliser les calculs faits précédemment, quelle serait la pression x qui, résultant de cet effort, s'exercerait à 110^{mm} de l'axe de l'arbre du frein. En appliquant la formule générale (11) concernant la vis à un seul filet, on aura :

$$30 = x \cdot \frac{110 \times 30}{115 \times 66} \, \text{tg} \, (i' + \varphi)$$

φ étant toujours l'angle de frottement, et i' l'angle d'inclinaison du filet de la vis.

Le pas de la vis étant, en millimètres :

$$\frac{2 \times 3,1416 \times 66}{20}$$

on a :

$$\text{tg} \, i' = \frac{\dfrac{2 \times 3,1416 \times 66}{20}}{2 \times 3,1416 \times 30} = 0,11$$

d'où

$$i' = 6°16'$$

et comme φ est égal à 6°50', on en conclut :

$$i' + \varphi = 13°6'$$

et

$$tg(i' + \varphi) = 0,233.$$

Portant cette valeur dans la formule générale, on obtient :

$$30 = x \times \frac{110 \times 30}{115 \times 66} \times 0,233$$

d'où :

$$x = 296 \text{ kilogr.}$$

Avec deux filets l'effort transmis sera deux fois moindre, c'est-à-dire égal à 148 kilogr.

Cela étant, en reprenant les notations et les chiffres des exemples précédents, on a :

$$P = 148 \times \frac{110}{16 \times 0,181} = 5.620 \text{ kilogr.}$$

Si l'on veut que P' soit égal à 6.000 kilogr., on aura $\frac{P'}{P} = 1,07$; et il suffira que le chemin parcouru par l'effort P soit égal à $1,07 \times 2^{mm} = 2^{mm},14$ et que, par suite, l'arbre du frein décrive une fraction de tour représentée par $\frac{2,14}{6} = 0,36$, ce qui nécessitera un peu moins de 4 tours pour l'arbre du volant, celui-ci faisant 10 tours quand l'autre n'en fait qu'un.

On calculerait comme précédemment la valeur à donner à l'angle α pour obtenir ce résultat.

VII. — FREIN A VIS ET A LEVIER.

Ce frein (fig. 59) se compose d'une tige verticale c filetée à sa partie inférieure et munie à sa partie supérieure d'une double manette b sur laquelle peut agir le garde-frein debout sur la partie postérieure du wagonnet.

La tige c porte, à une certaine hauteur, une embase soudée f par l'intermédiaire de laquelle elle repose sur un support en fer plat t ayant la forme d'un A. La partie filetée pénètre dans un écrou prismatique d, lequel porte deux petites bielles latérales e et e' qui actionnent un levier de forme spéciale l articulé en o sur une chape en fonte g fixée à l'une des traverses du châssis ; au point p du levier vient s'articuler une tige k de fer plat reliée à deux traverses m qui portent à leurs extrémités les sabots de serrage s. Avec cette disposition, on est obligé de placer ces derniers du même côté des roues.

Le support de la vis est fixé aux extrémités des deux longerons du châssis ; il est consolidé dans sa position verticale au moyen d'arcs-boutants n.

Pour opérer le serrage, l'écrou doit être entraîné de bas en haut ; or ce mouvement s'opérera sûrement, la vis ne pouvant prendre qu'un mouvement de rotation, grâce à l'embase f ; au moment du serrage, la vis ayant une tendance à remonter, une embase rapportée et goupillée f', placée sur la tête des supports, s'oppose à ce mouvement. L'embase soudée f est placée au-dessus du support afin de faciliter l'enlèvement de la vis en cas de réparations.

Pour calculer la force transmise par la vis, faisons usage de la formule

$$P = F \frac{b}{r \, \mathrm{tg}\, (i + \varphi)}$$

déjà utilisée dans l'article précédent. La longueur b de la manette étant égale à 170^{mm}, le rayon moyen de la vis à $11^{mm},5$ et le pas à 6^{mm}, où a d'abord :

$$\mathrm{tg}\, i = \frac{6}{2 \times 3,1416 \times 11,5} = 0,08307$$

$$i = 4° 45'$$

$$i + \varphi = 6,50 + 4,45 = 11° 35'$$

$$\mathrm{tg}\, (i + \varphi) = 0,223$$

et ensuite :

$$P = \frac{30 \times 170}{11,5 \times 0,223} = 1.988 \text{ kilogr.}$$

Dans le frein de la figure 59, le rapport des bras de levier est à peu près égal à l'unité ; en doublant ce rapport, on arriverait au chiffre de 4.000 kilogr. pour la puissance du frein.

VIII. — SABOT-TRAINEAU.

Pour le transport des longs bois dans les forêts montagneuses à pentes raides, on peut employer un sabot-traîneau (fig. 60) qui substitue le frottement de glissement au frottement de roulement.

Voici en quoi consiste cet appareil : deux cornières supérieures A sont recourbées à l'une des extrémités et du côté du sens de la marche ; cette courbure a pour effet d'empêcher les chocs qui pourraient se produire contre les joints des rails et de retenir le wagonnet qu'on y fait reposer ; deux autres cornières B, formant patins, sont rivées aux précédentes et peuvent être remplacées après usure.

Pour que l'écartement entre les cornières reste toujours constant, on les assemble par deux fers plats C et quatre équerres D. Enfin, pour faciliter l'introduction du wagonnet sur le sabot-traîneau, on a disposé, du côté opposé aux branches recourbées, deux petits plans inclinés à charnière E qu'on relève après la mise en place du véhicule.

Ce sabot-traîneau, que l'on met généralement en avant du train, rend de très réels services dans les fortes descentes ; il a cependant l'inconvénient d'user beaucoup les rails.

IX. — DISPOSITIFS A EMPLOYER DANS LES FORTES PENTES.

Après avoir examiné s'il ne serait pas plus pratique et moins coûteux, dans les fortes pentes, de descendre les bois par les procédés connus (chemins de schlitte, glissières, etc.), on pourra, si l'on a reconnu l'utilité des voies transportables, employer les méthodes suivantes :

1° Dans un grand nombre de cas il suffira de faire reposer, sur un wagonnet, le gros bout de la pièce à transporter en la faisant dépasser autant que possible, et de laisser traîner le petit bout sur le sol, ou bien de fixer ce dernier sur une traverse à rainure en bois qui glisserait sur les rails ;

2° On peut employer un treuil transportable analogue à celui dont nous donnons la description d'après M. Runnebaum.

Un châssis monté sur roues (fig. 61) et amarré sur le terrain au moyen d'une ancre et d'une chaîne, porte deux axes parallèles sur lesquels sont calés deux tambours à gorge ou treuils c et d et deux poulies de frein a et b.

Un câble, après s'être enroulé sur les deux tambours, est fixé au wagonnet qui doit descendre les bois ; tantôt on le laisse traîner directement sur le sol et tantôt on le fait glisser sur de petites poulies.

Fig. 61.

On peut modérer la descente ou bien accélérer le mouvement en manœuvrant un levier *h* ; quand on soulève ce levier, on rapproche les deux sabots *e* et *f* reliés par la bielle *k* ; on serre ainsi le frein, ce qui diminue la vitesse.

Au moyen de cet appareil, une grande quantité de gros bois a été descendue sur une voie rectiligne de 100 mètres, avec une pente de 23 p. 100 ; et cela sans le moindre danger et sans l'emploi de poulies pour la partie libre du câble ;

3° On pourrait également accrocher tout simplement à un arbre une poulie à frein disposée de la manière suivante (fig. 62) : un châssis en bois, formé de deux longerons A reliés par une équerre double E et de deux traverses C et D, serait amarré à un arbre au moyen d'une chaîne très solide. La traverse D porterait un axe vertical F autour duquel tournerait un tambour G à surface lisse et à flanc concave ; sur ce tambour serait enroulée une corde goudronnée destinée à faire le même office que le câble de l'appareil décrit précédemment.

Pour modérer la descente, le tambour serait muni d'une poulie H venue de fonte avec lui et autour de laquelle une lame d'acier I, fixée en T, serait attelée par son autre extrémité au petit bras d'un levier K ; en manœuvrant de droite à gauche ce levier, qui pourrait tout aussi bien être vertical, et dont le point fixe est en P, on entraînerait le point M vers la droite, et par suite la lame d'acier, étant appliquée avec force sur la gorge de la poulie H, ferait l'office d'un frein. Par ce procédé, on pourrait enrayer complètement la poulie.

Dans le cas où l'on voudrait installer deux voies, afin de faire remonter les wagonnets vides par les voitures chargées, on pourrait se servir de deux poulies de renvoi montées sur une traverse que l'on fixerait au sol par des piquets; l'une de ces poulies recevrait le brin montant, l'autre le brin descendant.

CHAPITRE VII

Appareils de chargement et de déchargement.

Les appareils de chargement et de déchargement à employer pour l'exploitation des forêts doivent satisfaire à trois conditions :

1° Ils doivent être susceptibles d'effectuer à la fois le chargement et le déchargement sans le moindre danger pour les ouvriers, et avec la plus grande économie de temps ;

2° Ils doivent être construits de façon à produire le minimum de chocs en descendant les pièces de bois sur les chevalets des wagonnets, et à permettre autant que possible le retournement de ces pièces autour de leur axe, afin d'amener le centre de gravité dans la position la plus convenable ; tout retournement sur les chevalets à l'aide de leviers est un mauvais procédé ;

3° Le poids de chaque appareil doit pouvoir être décomposé de telle façon que deux ouvriers, ou trois au plus, puissent le transporter ;

4° L'arbre que l'on soulève doit pouvoir rester suspendu quand on fait cesser l'action de la force de traction.

On conçoit qu'il soit possible d'imaginer une foule de machines pour le chargement et le déchargement ; nous ne décrirons que celles qui nous semblent le plus pratiques. Nous diviserons notre sujet en trois parties, suivant qu'il s'agira du chargement dans les coupes, du chargement en un point donné d'une voie fixe, ou bien du transbordement sur une voiture ordinaire des produits amenés sur rails.

1° Chargement dans les coupes.

Pour le chargement dans les coupes, nous décrirons trois appareils : les vérins à vis, le chargeur à cliquets, et le trépied à poulie.

I. — Vérins a vis.

Un vérin à vis se compose de deux montants A reposant sur une traverse D (fig. 63) et s'assemblant avec deux autres traverses perpendiculaires à la première ; quatre arcs-boutants B consolident tout le système.

La partie essentielle de l'appareil est la vis E, qui est formée de deux parties filetées séparées par une partie lisse ; les deux filets sont carrés et de sens contraire. Autour de chacun d'eux peut monter et descendre un écrou guidé par des fers à ⊥ fixés aux montants. L'écrou supérieur H porte un tourillon qui reçoit le double crochet I, auquel on peut attacher une traverse T formée de deux fers réunis à chaque extrémité par des plaques a munies de crochets c ; des boulons intermédiaires placés de distance en distance maintiennent l'écartement des deux fers ; une ouverture pratiquée au milieu de la traverse livre passage à une vis v qui peut monter ou descendre, suivant que l'on tourne dans un sens ou dans l'autre un écrou à levier d, lequel prend son point d'appui sur la traverse par l'intermédiaire d'une rondelle en fer.

Une seconde traverse T' peut venir s'appuyer sur l'écrou inférieur par l'intermédiaire d'une autre plaque a à laquelle elle est fixée, et qui est tout à fait semblable à celle supportant la traverse supérieure ; cette deuxième plaque porte un tenon qui vient se loger dans un trou percé dans l'écrou.

La double vis E est terminée à la partie inférieure par un pivot s'appuyant sur une crapaudine encastrée dans la traverse en bois qui sert de base à l'appareil, et elle peut tourner dans l'intérieur d'un coussinet ajusté dans le chapeau en fonte L qui relie la partie supérieure des montants A ; elle est, en outre, surmontée d'une roue d'angle M engrenant avec un pignon N ; enfin sur l'axe de ce dernier est calée une croix à poignées P sur laquelle agit l'ouvrier.

Pour opérer le chargement, il suffit d'une paire de vérins. Quand l'arbre est assez gros, on le soulève successivement par les deux bouts. Après avoir mis en place la traverse supérieure T, on saisit une des extrémités de la pièce de bois avec une tenaille accrochée à la vis v et on la soulève de $0^m,20$ environ en imprimant un mouvement de rotation à l'écrou d ; puis on installe la traverse inférieure T' et par un mouvement de descente de la vis v l'on y fait reposer l'extrémité de l'arbre soulevée. Cela fait, les ouvriers enlèvent la traverse supérieure T et, agissant sur la poignée P de chaque chargeur, soulèvent la traverse T' qui entraîne dans son mouvement la pièce de bois à une assez grande hauteur pour que l'on puisse continuer la voie mobile en dessous d'elle et amener un wagonnet sous l'extrémité qui est en l'air (fig. 64); celle-ci peut rester suspendue, sans descente possible et sans pour cela avoir besoin d'être maintenue par la main de l'homme, si l'on a eu soin de donner au filet de la vis E une inclinaison inférieure à l'angle de frottement (voir le paragraphe III du chapitre VI). Quand ce travail est terminé, on fait redescendre sur le chevalet du wagonnet mis en place l'extrémité soulevée, puis on se transporte à l'autre bout de l'arbre pour faire la même opération avec le chargeur.

Lorsque l'arbre n'est pas très gros, on se contente de le suspendre par son centre de gravité, et l'opération se trouve ainsi exécutée d'un seul coup.

Quel que soit, du reste, le mode employé, les wagonnets doivent être placés autant que possible à égale distance du centre de gravité; le petit bout dépasse alors le wagonnet sur lequel il repose, et la pression est à peu près également répartie sur les chevalets. Une fois que les arbres sont installés sur les wagonnets, on les y fixe au moyen de cordes ou de chaînes, puis deux hommes poussent la charge jusqu'à la voie fixe.

Chaque vérin est servi par un ouvrier. Cet appareil est dans de très bonnes conditions sous le quadruple rapport de la commodité, de la légèreté, de la sécurité et de la rapidité des manœuvres. En ayant soin de donner une forme courbe à la traverse inférieure, on peut faire tourner l'arbre autour de son axe avant de le faire reposer sur les chevalets.

En admettant que la vis d'un chargeur ait 35^{mm} de diamètre moyen et 8^{mm} de pas, l'inclinaison du filet aurait pour tangente trigonométrique l'expression :

$$\frac{8}{3,1416 \times 35} = 0,0728.$$

Ce qui porterait cette inclinaison à 4°10'.

L'angle de frottement étant supposé égal à 6°50', la somme des deux angles serait de 11°; enfin la tangente trigonométrique de cet angle étant égale à 0,194, le poids que l'on pourrait soulever en produisant un effort de 30 kilogr. à l'extrémité d'un bras de levier de 300^{mm} serait, d'après la formule (6) du chapitre VI :

$$\frac{30 \times 300}{17,5 \times 0,194} = 2.647 \text{ kilogr.}$$

Avec la paire de vérins on pourrait donc soulever un poids de 5.300 kilogr. environ.

L'angle d'inclinaison étant inférieur à l'angle de frottement, la pièce de bois pourra rester suspendue dans une position quelconque, sans que l'ouvrier ait besoin d'exercer le moindre effort.

II. — Chargeur a cliquets.

Ce chargeur (fig. 65) est composé de deux parties identiques qui peuvent se réunir en O au moyen d'une cheville retenue par une chaînette.

Chaque partie est formée d'un montant A en bois, reposant sur une traverse B également en bois et formant pied ; ce montant est percé d'un trou qui peut être placé successivement en regard de chacun des trous d'un fer plat courbé C ; avec cette disposition l'on peut maintenir le montant dans une position verticale, quand bien même le pied reposerait sur un terrain incliné. Une flasque double en fer D embrasse le montant et va se joindre en O avec une flasque identique assemblée avec l'autre montant ; chacune d'elles porte une roue dentée E et une roue à rochet F venue de fonte avec celle-ci ; enfin sur chaque roue dentée passe une chaîne qui supporte une moufle G et dont une extrémité est accrochée aux flasques D.

Un levier H, formé d'une partie courbée en fer et d'un manche en bois, embrasse la flasque D ; il est fixé sur l'arbre de la roue E et il porte un cliquet I constamment appuyé sur la roue sous l'influence d'un petit ressort. Un second cliquet J, supporté par la flasque, empêche le recul de la roue à rochet.

La moufle G est reliée à un anneau fixé à une tenaille semblable à celle de l'appareil décrit précédemment, c'est-à-dire formée de deux fers plats K et L courbés en forme d'S et articulés en M ; les deux extrémités libres n et p de cette tenaille sont munies de dents, tandis que les deux autres peuvent être, suivant la grosseur de l'arbre à soulever, tenues plus ou moins écartées par le levier articulé N fixé à la branche K. A cet effet, ce levier possède plusieurs trous pouvant être mis en regard d'un trou unique percé à l'extrémité de la branche L ; une goupille retenue par une chaînette assure la liaison.

Pour faire le chargement, on engage l'arbre entre les branches K et L de la pince, puis faisant mordre dans la pièce de bois les dents des extrémités n et p, on s'arrange de façon que le trou de l'extrémité de la branche L vienne se placer en regard d'un des trous du levier articulé N ; cela fait, on place la goupille qui maintient le serrage.

Les deux parties identiques de l'appareil étant réunies en O, on accroche les moufles G aux anneaux de la tenaille, et les ouvriers agissent sur les leviers H ; dans ce mouvement, les cliquets I poussent les roues à rochet F et par conséquent font tourner les roues dentées E qui entraînent les chaînes, ce qui produit l'élévation des moufles et par conséquent de la pièce de bois.

Pour effectuer la descente, on agit sur le levier H et on soulève successivement chacun des cliquets I et J.

Cet appareil est très facile à transporter ; il est expéditif et ne présente aucun danger pour les ouvriers. Il permet de faire tourner l'arbre autour de son axe longitudinal. Il suffit pour cela d'engager dans l'anneau inférieur de la tenaille l'extrémité d'une des chaînes, et d'agir sur le levier correspondant.

En admettant, comme c'est à peu près le cas de la figure 65, que la longueur du levier-manivelle soit 12 fois plus grande que le rayon de la poulie motrice, le rapport entre la résistance et la puissance sera égal à 24, à cause de la moufle, et en faisant abstraction du frottement. Si donc chaque ouvrier est capable de produire un effort de 30 kilogr., on pourra, avec deux hommes, soulever un poids de 1.500 kilogr. environ.

L'établissement de la voie se fait de la même manière qu'avec l'emploi du vérin à vis.

III. — TRÉPIED A POULIE.

Ce chargeur se compose (fig. 66) de trois montants A, B, C formant trépied et articulés à leur partie supérieure à une pièce D ; cette articulation est tout à fait semblable à celle des trépieds des instruments de topographie.

A la pièce D est suspendu un anneau susceptible d'un mouvement de rotation et qui supporte une poulie.

Pour satisfaire à la condition de décomposition du poids, on peut employer le dispositif de la figure 67. Les trois colonnes sont réunies entre elles à l'aide d'un anneau I ; mais tandis que le montant C est attaché d'une manière invariable à l'anneau, les deux autres peuvent en être séparés facilement, et dans ce but on s'est contenté de les terminer par des fourches ; de cette façon la machine peut être décomposée en trois parties facilement transportables.

Chaque colonne, qui est en fer creux, porte à la partie supérieure une fourrure cylindrique dans laquelle se vissent les fourches, et à la partie inférieure une autre fourrure terminée en pointe.

Sur l'anneau I repose une chape E percée d'un trou qui laisse passer la tige d'un autre anneau *i* plus petit, auquel est fixé le crochet de la poulie ; la partie supérieure de cette tige est filetée et peut être maintenue par un écrou et un contre-écrou.

La tronce étant suspendue au crochet de la poulie par une chaîne qui l'entoure, on tire sur la chaîne de manœuvre pour faire monter la charge à la hauteur voulue.

On pourrait remplacer la chaîne d'attache de la tronce par une tenaille semblable à celle décrite dans le système des vérins à vis et du chargeur à cliquets.

Voici comment on peut faire tourner la pièce autour de son axe longitudinal : il suffit pour cela, une fois qu'elle repose sur les chevalets, d'enlever la chaîne qui l'entoure, puis d'engager le crochet du chargeur dans un autre crochet dont on fait pénétrer à l'endroit favorable la pointe acérée ; en agissant sur la chaîne de traction, on arrive facilement et sans effort au résultat cherché.

On peut employer, pour soulever les bois, des poulies de différents genres ; nous ne citerons que la poulie à vis sans fin et la poulie différentielle de Weston.

Poulie à vis sans fin. — Cet appareil se compose (fig. 68) de deux poulies à gorge : l'une A autour de laquelle s'enroule la chaîne de traction B, l'autre C qui supporte la chaîne D à laquelle est fixé le poids à soulever. L'arbre E de la poulie A porte une vis V engrenant avec une roue dentée I qui est calée sur l'arbre de la poulie C.

La gorge de la poulie A présente une rainure continue dans laquelle viennent se loger une partie des maillons (fig. 69).

La poulie C est une poulie à noix (fig. 70). Pendant le soulèvement de la pièce de bois, les chaînons G viennent se poser de champ dans des alvéoles séparés par des dents H ; les autres chaînons G' se posent à plat dans d'autres alvéoles dont le fond est plus éloigné du centre, et qui sont séparés par des renflements K. Quand ces derniers re-

posent sur leurs portées, l'extrémité des dents H vient occuper le
milieu de la partie vide. Avec cette disposition l'on empêche tout
glissement de la chaîne dans la gorge de la poulie.

Les dimensions des chaînes varient suivant l'usage auquel on les
destine ; pour le chargement des bois on peut, en désignant par d le

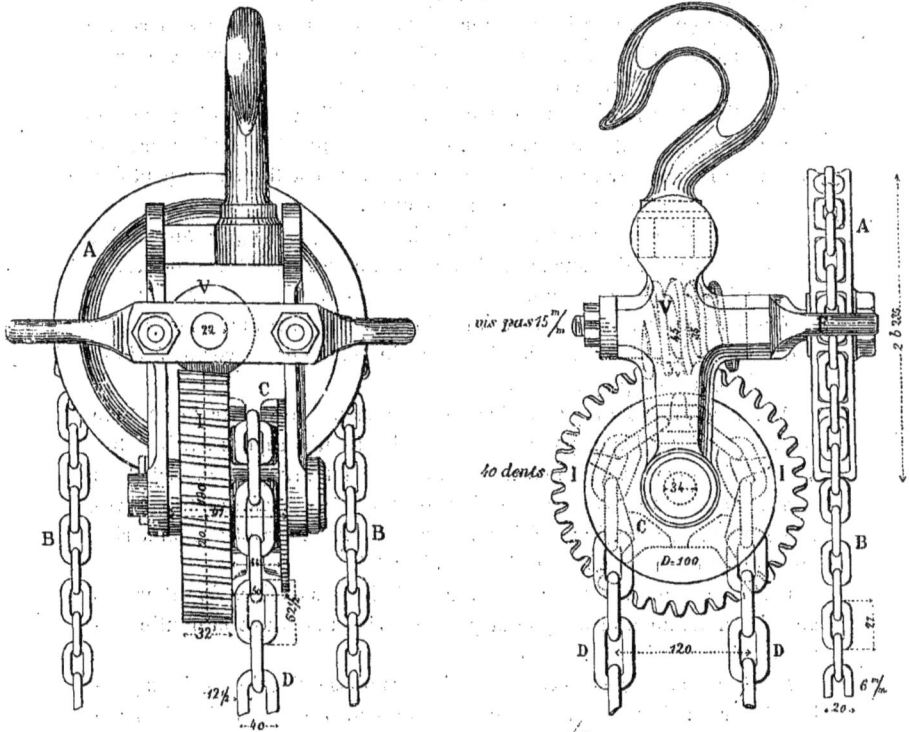

Echelle ⅙

Fig. 68.

diamètre du fer des maillons, prendre la longueur l égale à 4,5 d ou
à 5 d, et la largeur e égale à 3,25 d ou à 3,50 d.

Quant à la dimension d, elle dépend du poids à supporter. On admet
que la charge d'épreuve doit être égale à 14 kilogr. par millimètre
carré, et que la charge normale P à faire porter par la chaîne doit être la
moitié de la charge d'épreuve ; c'est-à-dire de 7 kilogr. par millimètre carré.

Dans ces conditions, on aura la relation suivante, en remarquant que chaque brin n'aura à supporter que le poids $\frac{P}{2}$:

$$\frac{\pi \, d^2}{4} \times 7 = \frac{P}{2}$$

d'où :

$$P = 11 \, d^2 \qquad\qquad (1)$$

et

$$d = \frac{1}{\sqrt{11}} \sqrt{P} = 0{,}30 \, P. \qquad\qquad (2)$$

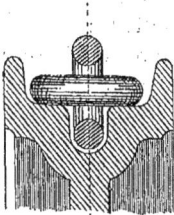

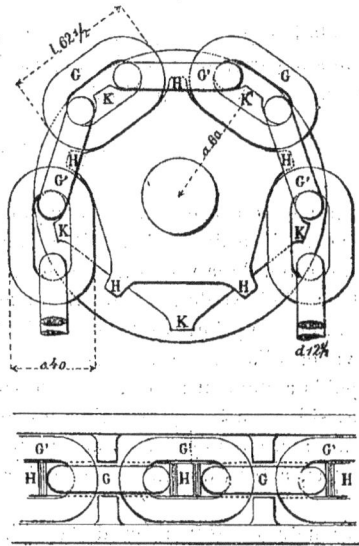

Echelle $\frac{1}{3}$

Fig. 69.   Fig. 70.

La table suivante permet de calculer les charges correspondant aux valeurs du diamètre comprises entre 6 et 16 millimètres.

DIAMÈTRE en millimètres.	CHARGE en kilogrammes.
6	396
7	539
8	704
9	891
10	1.100
11	1.331
12	1.584
13	1.859
14	2.156
15	2.475
16	2.816

La relation qui lie la puissance F à la résistance P a été déterminée dans le paragraphe III du chapitre VI ; elle est, en négligeant le frottement des axes des poulies :

$$F = P \frac{a r}{b \rho} \operatorname{tg}(i + \varphi)$$

dans laquelle a est le bras de levier de la résistance, c'est-à-dire la distance de l'axe de la chaîne D à l'axe de la poulie C ; r le rayon moyen du filet de la vis ; b le bras de levier de la force F, c'est-à-dire la distance de l'axe de la chaîne B à l'axe de la poulie A ; ρ le rayon de la circonférence primitive de la roue dentée I ; i l'inclinaison du filet de la vis et φ l'angle de frottement.

Le poids restera suspendu, en supposant interrompue l'action de la force F, si l'angle i est plus petit que l'angle φ, ainsi que nous l'avons fait remarquer dans le paragraphe que nous venons de citer.

Prenons, à titre d'exemple, les chiffres inscrits sur les figures 68 et 70.

Le diamètre d des maillons de la chaîne à laquelle est appliquée la résistance étant égal à 12mm,5, cette chaîne peut supporter une charge de 1.700 kilogr. environ (voir la table ci-dessus) ; faisons donc P égal à 1.700 kilogr.

D'un autre côté, a est égal à 60mm ;
　　　　—　　　r　　—　　　20mm ;
　　　　—　　　b　　—　　　117mm,5 ;
　　　　—　　　ρ　　—　　　95mm.

D'autre part on a :

$$\mathrm{tg}\, i = \frac{15}{2 \times 3,1416 \times 20} = 0,118$$

d'où :

$$i = 6°44'$$

φ étant égal à 6°,50 ainsi que nous l'avons trouvé précédemment, on en conclut :

$$i + \varphi = 13°34'$$

et

$$\mathrm{tg}\,(i + \varphi) = 0,241$$

Dès lors la formule précédente devient :

$$\mathrm{F} = 1.700 \times \frac{60 \times 20}{117,5 \times 95} \times 0,241 = 44 \text{ kilogr.}$$

Ainsi avec un effort de 44 kilogr. on pourra soulever, avec la poulie à vis sans fin, un poids de 1.700 kilogr. Il est vrai que nous avons négligé le frottement des axes des poulies ; mais l'exemple que nous venons de prendre n'en démontre pas moins l'importance du rendement de cet appareil.

Poulie différentielle de Weston. — Chacun connaît le principe de la poulie différentielle de Weston. Cet appareil se compose (fig. 71) de deux poulies, l'une fixe A présentant deux gorges de rayons peu différents R et r, l'autre B mobile à laquelle on suspend le poids P à soulever. La chaîne qui relie les deux poulies s'enroule d'abord dans la gorge à grand rayon de la poulie fixe, descend sur la poulie mobile, puis revient sur la gorge de petit rayon de la poulie fixe, en suivant la route $a\,b\,c\,d\,e$.

La traction F est exercée suivant le brin $a\,b$. Quand la poulie A fait un tour, le chemin décrit par la puissance est 2πR ; mais pendant que la chaîne s'enroule sur la gorge de rayon R, elle se déroule sur l'autre gorge d'une longueur égale à $2\pi r$; elle s'est donc raccourcie d'une quantité $2\pi\,(\mathrm{R} - r)$. Ce raccourcissement se répartissant également sur les deux brins, chacun d'eux a diminué de $\pi\,(\mathrm{R} - r)$; c'est le chemin parcouru par le poids P. Si l'on négligeait le frottement de l'axe de la poulie A, on aurait donc entre la puissance et la résistance la relation :

$$\frac{\mathrm{F}}{\mathrm{P}} = \frac{\pi\,(\mathrm{R} - r)}{2\,\pi\,\mathrm{R}}$$

ou :

$$\mathrm{F} = \mathrm{P}\,\frac{\mathrm{R} - r}{2\,\mathrm{R}}. \tag{3}$$

Mais pour que le poids P puisse rester suspendu quand on fait cesser l'action de la force F, il faut que ce poids soit mis en équilibre par le frottement dont nous venons de parler. Or, en désignant par f

Fig. 71.

le coefficient de frottement, puis par ϱ le rayon de l'axe de la poulie fixe, le frottement étant égal à fP et le chemin qu'il décrit dans un tour de la poulie A étant $2\pi\varrho$, son travail est égal à fP $\times 2\pi\varrho$; pendant ce temps le travail du poids P étant P $\times \pi$ (R — r), on doit avoir pour l'équilibre :

$$f\text{P} \times 2\pi\rho = \text{P}\pi(\text{R} - r)$$

d'où :

$$\rho = \frac{R - r}{2f}. \tag{4}$$

Dans ces conditions, le travail de l'effort de traction F devra être le double de celui de la charge P, et l'on aura :

$$F \times 2\pi R = 2\pi P (R - r)$$

d'où l'on tire :

$$F = P \cdot \frac{R - r}{R}. \tag{5}$$

Les gorges de la poulie fixe sont creusées comme celles de la figure 70 et la gorge de la poulie mobile comme celle de la figure 69. Le nombre des maillons pouvant s'enrouler sur chacune des gorges de la poulie fixe devant être un nombre entier, on s'arrange généralement, dans la pratique, de façon qu'il y ait sur la circonférence de rayon R une empreinte de plus que sur celle de rayon r.

En désignant par n le nombre des maillons correspondant à la circonférence de rayon R, on devra avoir :

$$\frac{R}{r} = \frac{n}{n-1} \tag{6}$$

d'où :

$$R - r = \frac{R}{n}.$$

Remplaçant $R - r$ par cette valeur dans l'équation (5), il viendra :

$$F = \frac{P}{n}. \tag{7}$$

Enfin si l'on désigne par l la longueur d'un maillon, on devra avoir :

$$nl = 2\pi R$$

d'où :

$$n = \frac{2\pi R}{l}$$

d'où l'on déduit :

$$F = \frac{Pl}{2\pi R}$$

et

$$R = \frac{Pl}{2\pi F}. \tag{8}$$

Quant à l'équation (4), on pourra la mettre sous la forme :

$$\rho = \frac{1}{2} \frac{R}{nf}.$$

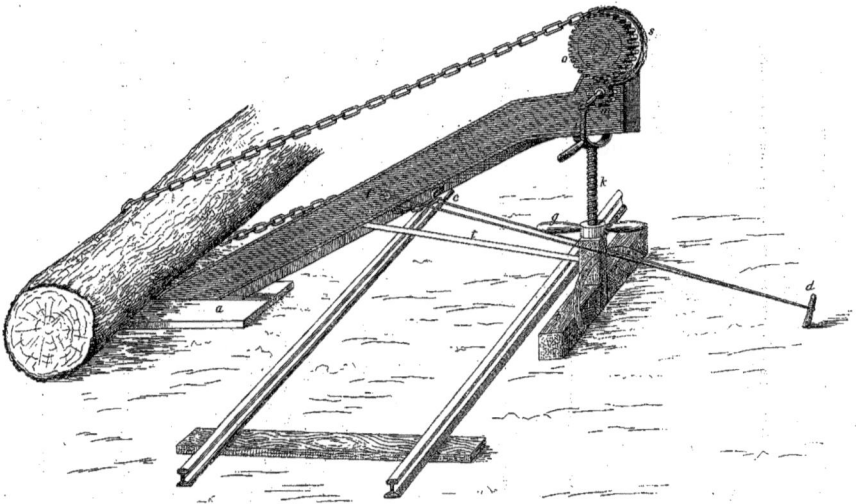

Fig. 72.

Le coefficient de frottement étant égal à 0,12, si l'on remplace f par cette valeur dans l'équation précédente, il viendra sensiblement :

$$\rho = \frac{4\,\mathrm{R}}{n}. \qquad (9)$$

On déterminera R par l'équation (8), n par l'équation (7), r par l'équation (6) et ρ par l'équation (9).

Exemple. — Supposons qu'il s'agisse de soulever une charge de 1,000 kilogr. ; comme le poids se répartit sur les deux chaînes bc et cd, il suffira de faire égal à 7 millimètres le diamètre du fer des maillons. D'un autre côté, l'on admet que deux ouvriers sont chargés de la besogne ; chacun d'eux pouvant développer d'une manière permanente un effort de 30 kilogr., on posera $\mathrm{F} = 60$ kilogr.

Si l'on fait $l = 5d$, on trouvera que la longueur du chaînon doit être de 35 millimètres. Dès lors, on aura successivement :

$$\mathrm{R} = \frac{1000 \times 35}{6,2832 \times 60} = 111^{\mathrm{mm}}.$$

$$n = \frac{1000}{60} = 17$$

$$r = \frac{16}{17} \times 111 = 104^{\mathrm{mm}}$$

$$\rho = \frac{4 \times 111}{17} = 26^{\mathrm{mm}}.$$

2° *Chargement en un point d'une voie fixe.*

Pour ce mode de chargement, l'appareil tout indiqué est le plan incliné.

Nous ne parlerons pas ici des procédés actuellement employés pour le chargement des voitures ordinaires ; ces procédés sont suffisamment connus. Nous dirons un mot seulement d'un chargeur cité dans l'ouvrage de M. Runnebaum.

Le plan incliné (fig. 72) se place perpendiculairement à la voie ; une extrémité a repose sur le sol entre cette voie et la pièce à charger ; l'autre extrémité est supportée par un pied b, qui se trouve de l'autre côté des rails et que l'on relie à l'aide d'une traverse t aux deux flasques de l'appareil. Pour donner à la machine toute la stabilité désirable pendant le chargement, on l'attache à un fort piquet d enfoncé dans le sol au moyen d'un câble dont les deux extrémités sont fixées à deux crochets f.

La chaîne de traction, dont un bout est attaché à un crochet c, passe sous l'arbre et vient s'enrouler dans la gorge d'une poulie s sur l'axe de laquelle est calée une roue dentée o engrenant avec un pignon m, que l'on peut faire mouvoir à l'aide d'une manivelle i.

D'un autre côté, l'on peut faire monter l'extrémité supérieure du plan incliné à l'aide d'un vérin à vis gk.

Lorsque, par suite de la combinaison de ces deux mouvements, l'on a fait monter la pièce de bois à une hauteur convenable, on introduit les wagonnets sur la voie et l'on agit alors en sens inverse sur le vérin à vis pour faire descendre l'arbre jusqu'à ce qu'il repose sur les chevalets. Cela fait, on déroule la chaîne à l'aide de la manivelle i, de manière à ce que l'on puisse la dégager du crochet c, et l'opération est terminée.

Si le volume de la pièce de bois dépasse sensiblement 1^{mc},500, on emploie deux chargeurs.

Avec cet appareil, le chargement se fait très commodément et sans le moindre danger pour les ouvriers ; mais il est à remarquer que l'on ne peut pas, comme dans les machines précédemment décrites, faire tourner la pièce de bois autour de son axe longitudinal pour assurer une bonne position au centre de gravité ; on est obligé, dans ce cas, de recourir à des leviers d'une forme spéciale.

3° Transbordement sur une voiture ordinaire.

Quand une voie ferrée établie en forêt n'est pas reliée directement avec une grande ligne de chemin de fer, on peut avoir à faire un transbordement sur une voiture ordinaire. S'il s'agit de pièces de petites dimensions telles que des bûches de bois de chauffage, des perches, des étais de mines, etc., on fera le transbordement à la main. Mais il pourra y avoir avantage à employer une machine pour les grandes pièces de bois et pour les planches.

Si cette opération doit être effectuée toujours au même point, on pourra se servir d'une grue fixe. Dans le cas où l'on voudrait faire usage d'une machine transportable, on pourrait utiliser avec avantage les vérins à vis précédemment décrits.

Supposons en effet que l'une des extrémités d'une pièce de bois, qui reposait primitivement sur deux wagonnets, soit enlevée par une paire de vérins à vis et élevée à une hauteur telle que l'écrou inférieur soit à l'extrémité supérieure de sa course, comme le montre la figure 64. A ce moment, l'écrou H est à la partie inférieure de la sienne et l'on peut saisir, avec les crochets I, la plaque a qui supporte la traverse inférieure (ce mode d'accrochage est identique à celui représenté par la figure 63).

Si l'on imprime alors un mouvement en sens inverse du premier, l'écrou H montera en entraînant la traverse T (fig. 73) et l'une des extrémités de la pièce pourra être élevée jusqu'à la partie supérieure de l'appareil.

Cela fait, on soulèvera de la même manière l'autre extrémité et l'on amènera le chariot dans l'intervalle des deux vérins.

Puis on fera redescendre successivement les deux bouts de la traverse, jusqu'au moment où la pièce de bois viendra reposer sur le chariot.

Détermination approximative du centre de gravité d'un arbre abattu.

Nous avons dit précédemment que, dans le cas où le volume d'une pièce de bois ne dépasse pas sensiblement $1^{mc},500$, on peut la charger d'un seul coup en la suspendant par son centre de gravité.

Dans ces conditions il importe de fournir, aux ouvriers qui doivent faire le chargement, des indications approximatives sur la position de ce centre, afin d'éviter les premiers tâtonnements.

Pour résoudre cette question, nous considérerons comme un tronc de cône chaque pièce prête à être chargée. Dans ces conditions, nous trouverons la distance du centre de gravité au gros bout de la tronce par la formule

$$\frac{R^2 + 2\,R\,r + 3\,r^2}{R^2 + R\,r + r^2} \times \frac{h}{4},$$

dans laquelle R est le rayon de la grande base, r le rayon de la petite base et h la hauteur.

Cette formule peut s'écrire :

$$\frac{\dfrac{R^2}{r^2} + 2\,\dfrac{R}{r} + 3}{\dfrac{R}{r^2} + \dfrac{R}{r} + 1} \times \frac{h}{4},$$

ou bien encore, en remplaçant le rapport des rayons par celui des diamètres D et d :

$$\frac{\dfrac{D^2}{d^2} + 2\,\dfrac{D}{d} + 3}{\dfrac{D^2}{d^2} + \dfrac{D}{d} + 1} \times \frac{h}{4}.$$

Pour faciliter les calculs, nous avons construit la table numérique suivante qui permettra de trouver immédiatement la distance du centre de gravité au gros bout, connaissant d'une part la longueur de la pièce et d'autre part le rapport entre le grand et le petit diamètre.

RAPPORT des diamètres.	DISTANCE DU CENTRE DE GRAVITÉ AU GROS BOUT																	DE LA PIÈCE, LA LONGUEUR TOTALE ÉTANT DE :																	
	8.	8.50.	9.	9.50.	10.	10.50.	11.	11.50.	12.	12.50.	13.	13.50.	14.	14.50.	15.	15.50.	16.	16.50.	17.	17.50.	18.	18.50.	19.	19.50.	20.	20.50.	21.	21.50.	22.	22.50.	23.	23.50.	24.	24.50.	25.
1.10	3.97	4.12	4.34	4.60	4.84	5.09	5.32	5.57	5.81	6.06	6.30	6.54	6.78	7.02	7.26	7.50	7.75	7.99	8.23	8.48	8.72	9.05	9.30	9.44	9.98	9.92	10.17	10.41	10.65	10.90	11.11	11.38	11.62	11.96	12.10
1.20	3.76	3.89	4.29	4.46	4.96	4.55	5.17	5.40	5.61	5.87	6.11	6.34	6.58	6.81	7.05	7.28	7.59	7.75	7.09	8.23	8.46	8.69	9.16	9.40	9.69	9.90	10.10	10.57	10.81	11.03	11.27	11.50	11.74
1.30	3.65	3.88	4.11	4.34	4.57	4.80	5.02	5.25	5.48	5.71	5.94	6.17	6.39	6.62	6.85	7.08	7.34	7.54	7.77	7.99	8.29	8.45	8.69	9.14	9.36	9.59	9.83	10.30	10.74	10.56	11.19	11.43
1.40	3.53	3.76	4.00	4.22	4.45	4.67	4.89	5.12	5.34	5.56	5.78	6.00	6.22	6.45	6.67	6.90	7.12	7.34	7.56	7.78	8.01	8.23	8.45	8.67	8.90	9.12	9.34	9.56	9.79	10.01	10.23	10.40	10.68	10.90	11.12
1.50	3.47	3.69	3.91	4.13	4.34	4.56	4.78	5.00	5.21	5.43	5.65	5.86	6.08	6.30	6.51	6.73	6.95	7.16	7.38	7.60	7.81	8.03	8.25	8.47	8.68	8.90	9.12	9.82	9.55	9.77	9.90	10.19	10.48	10.94	10.86
1.60	3.30	3.61	3.82	4.03	4.24	4.45	4.67	4.89	5.09	5.30	5.99	5.72	5.94	6.15	6.37	6.58	6.79	7.00	7.21	7.43	7.61	7.85	8.37	5.75	8.49	8.70	8.39	9.13	9.34	9.55	9.76	9.97	10.19	10.40	10.61
1.70	3.03	3.53	3.74	3.94	4.15	4.36	4.57	4.78	4.99	5.20	5.40	5.51	5.82	6.02	6.23	6.44	6.65	6.80	7.06	7.27	7.43	7.03	7.85	5.10	8.31	8.59	8.72	8.98	9.14	9.35	9.56	9.76	9.97	10.18	10.39
1.80	3.90	3.45	3.66	3.85	4.07	4.27	4.45	4.68	4.90	5.09	5.99	5.50	5.70	5.00	6.11	6.31	6.52	6.78	6.94	7.12	7.33	7.53	7.74	6.14	6.39	5.55	8.75	8.96	9.16	9.36	9.09	9.77	9.97	10.18	10.39
1.90	3.20	3.40	3.60	3.70	4.00	4.19	4.10	4.08	4.60	5.09	5.10	5.00	5.80	6.00	6.30	6.40	6.58	6.80	7.00	7.20	7.40	7.60	8.00	8.80	8.40	8.59	8.80	9.00	9.10	9.30	9.09	9.80	10.00
2.00	3.11	3.84	3.50	3.70	3.98	4.13	4.32	4.52	4.71	4.91	5.11	5.31	5.50	5.70	5.85	6.00	6.28	6.48	6.68	6.86	7.07	7.97	7.66	7.86	7.80	8.05	8.25	8.43	8.64	8.54	9.03	9.08
2.10	3.00	3.39	3.47	3.67	3.86	4.05	4.35	4.45	4.64	4.83	5.02	5.72	5.41	5.61	6.00	5.00	6.19	6.29	6.57	6.77	6.96	7.16	7.31	7.34	7.73	7.93	8.13	8.31	8.56	8.70	8.80	9.09	9.23	9.47	9.69
2.20	3.04	3.23	3.43	3.61	3.80	4.00	4.19	4.29	4.57	4.76	4.95	5.14	5.33	5.52	5.71	5.90	6.00	6.28	6.47	6.66	6.85	7.04	7.25	7.43	7.51	7.80	7.90	8.18	8.37	8.55	8.76	8.94	9.13	9.00	9.51
2.30	3.00	3.10	3.68	3.57	3.76	3.94	4.13	4.31	4.50	4.69	4.88	5.07	5.26	5.44	5.38	5.81	6.00	6.19	6.38	6.57	6.75	6.94	7.15	7.34	7.46	7.68	8.07	8.29	8.54	8.63	8.89	9.10	9.19	9.38
2.40	3.56	3.15	3.62	3.66	3.70	3.80	4.07	4.44	4.44	4.68	4.81	6.00	5.18	5.87	5.56	5.75	5.99	6.10	6.39	6.48	6.08	6.81	7.08	7.39	7.40	7.80	7.77	7.80	8.14	8.33	8.51	8.70	8.88	9.00	9.45
2.50	3.93	3.11	3.39	3.47	3.66	3.84	4.03	4.89	4.38	4.57	4.75	4.94	5.11	5.30	5.48	6.00	6.04	6.02	6.21	6.07	6.78	6.04	7.12	7.40	7.67	7.96	8.04	8.22	8.40	8.00	8.77	8.95	9.13
2.60	3.48	3.07	3.25	3.43	3.61	3.79	5.07	4.15	4.35	4.18	4.68	6.06	5.28	5.41	5.60	6.77	6.05	6.14	6.32	6.50	6.68	6.86	7.01	7.24	7.42	7.60	7.78	7.96	8.14	8.32	8.50	8.68	8.86	8.61	9.03
2.70	3.85	3.03	3.21	3.39	3.57	3.75	3.93	4.11	4.89	4.66	4.82	5.00	5.17	5.35	5.53	5.72	5.60	6.07	5.33	6.40	6.78	6.78	7.11	7.42	7.51	7.80	7.00	7.67	7.85	8.03	8.21	8.39	8.86	8.71	8.92
2.80	3.93	3.00	3.18	3.36	3.53	3.71	3.89	4.07	4.24	4.42	4.43	4.54	4.77	4.94	5.12	5.29	5.45	5.93	6.06	6.18	6.54	6.54	7.06	7.24	7.41	7.50	7.76	7.01	8.18	8.30	8.47	8.65	8.82
2.90	3.80	3.96	3.15	3.32	3.50	3.67	3.84	4.00	4.19	4.37	4.04	4.72	4.89	5.07	5.94	5.42	5.39	5.77	5.94	6.10	6.20	6.47	6.64	6.81	6.90	7.17	7.34	7.50	7.60	7.87	8.04	8.19	8.10	8.19	8.54
3.00	3.75	7.08	9.12	3.30	3.40	5.04	3.81	3.98	4.16	4.33	4.50	4.68	4.85	5.02	5.19	5.27	5.34	5.72	5.80	6.97	6.23	6.41	6.58	6.75	6.90	7.10	7.97	7.45	7.62	7.50	7.96	8.14	8.31	8.49	8.66

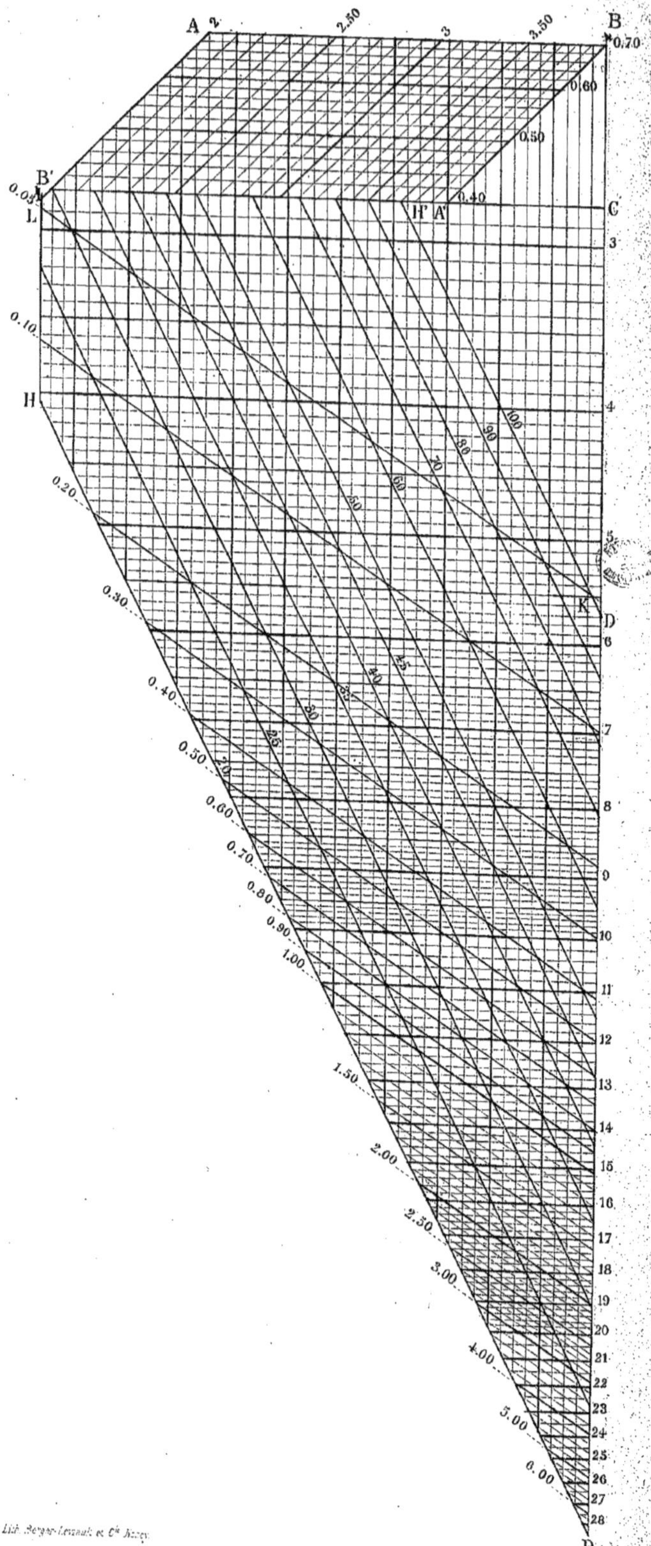

Lith. Berger-Levrault et Cie Nancy.

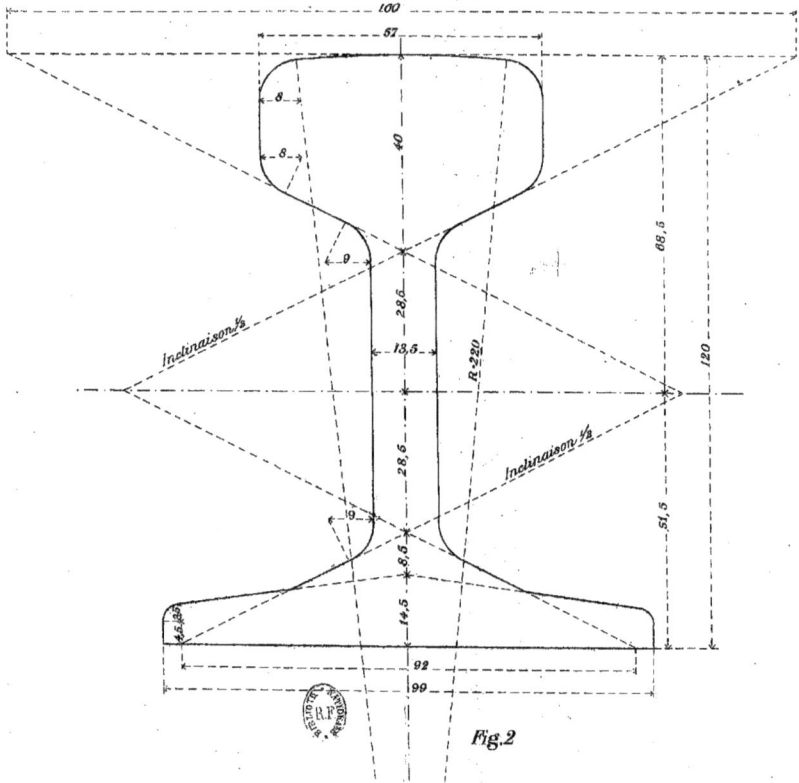

Fig.2

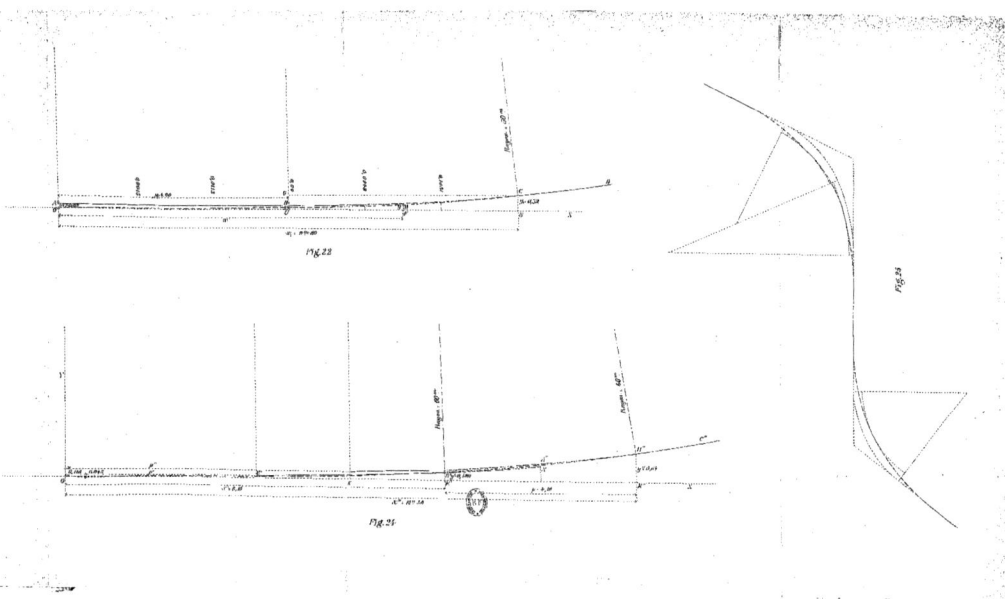

Fig. 22

Fig. 23

Fig. 24

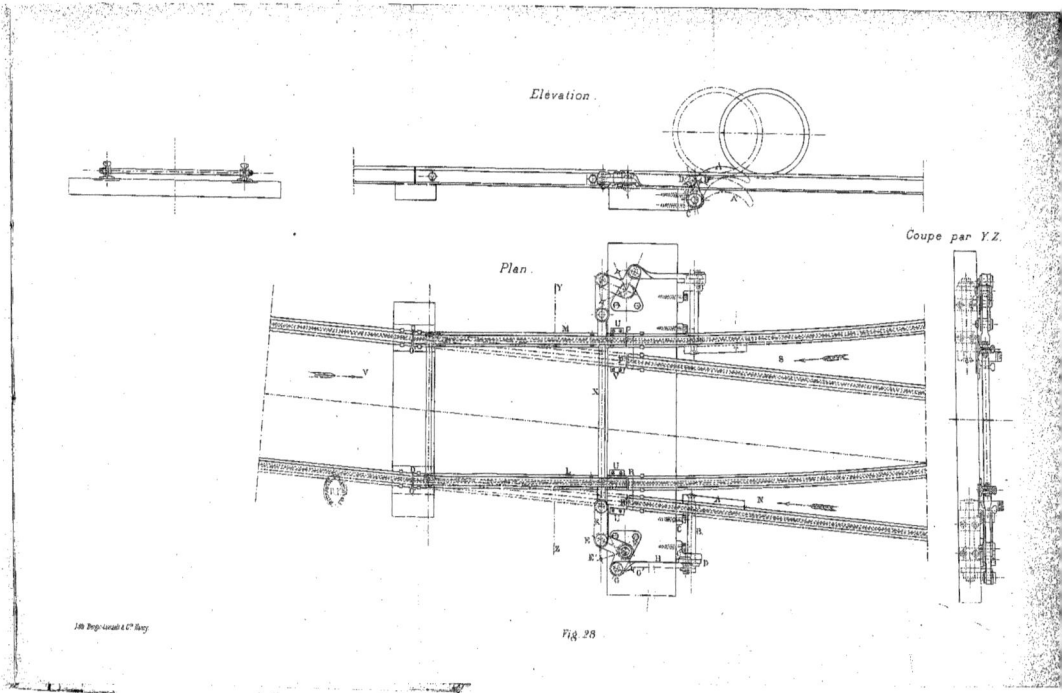

Elévation.

Plan.

Coupe par Y.Z.

Fig. 28

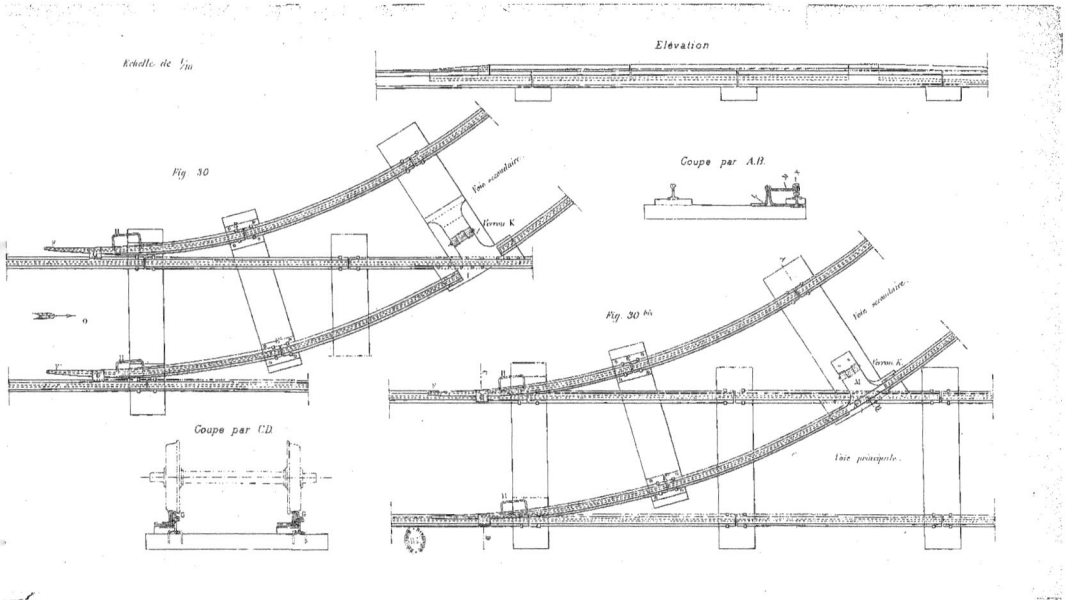

Échelle de $\frac{1}{10}$

Élévation

Fig. 30

Coupe par A.B.

Voie secondaire

Verrou K

Fig. 30 bis

Voie secondaire

Verrou K

Voie principale

Coupe par CD.

Elévation longitudinale

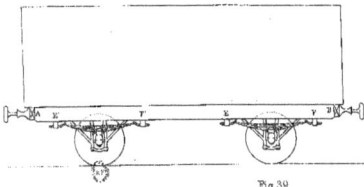

Elévation transversale

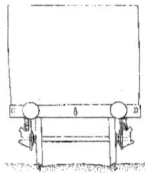

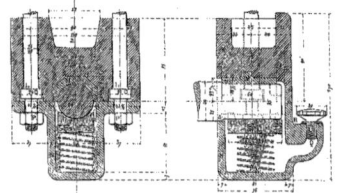

Fig. 39

Fig. 44

Elevation

Vue de bout.

Plan.

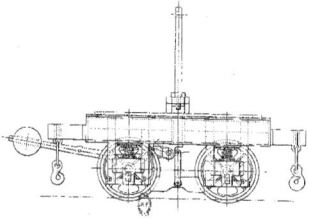
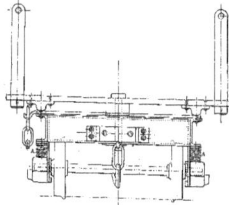
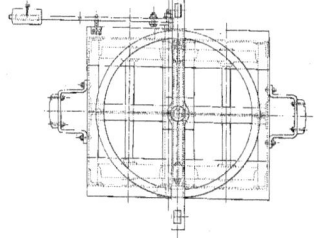

Echelle de $\frac{1}{4}$
Fig 40.

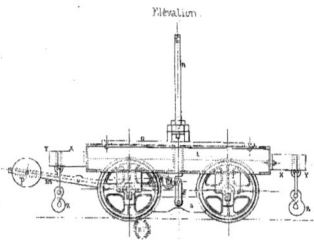

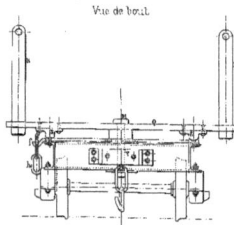

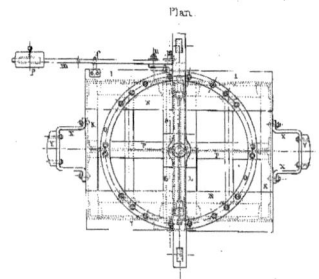

Élévation.

Vue de bout.

Plan.

Echelle de $\frac{1}{10}$.

Fig 65.

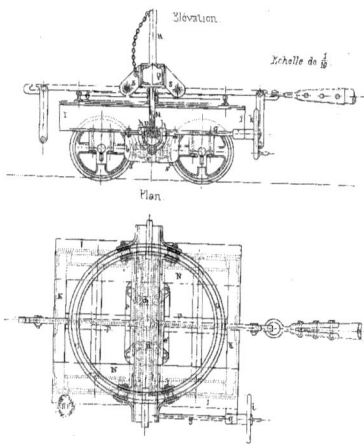

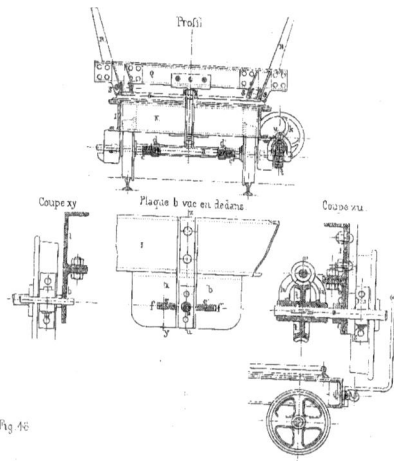

Élévation

Échelle de ⅒

Plan

Profil

Coupe xy   Plaque b vue en dedans   Coupe zu

Fig 48

Coupe transversale.

Coupe en élévation.

Échelle de 1/10

Coupe en élévation.

Coupe transversale.

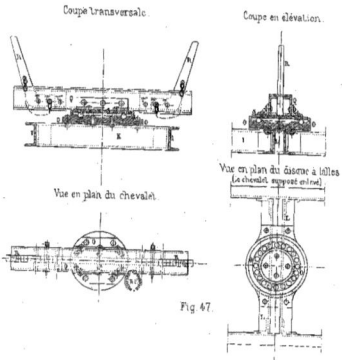

Vue en plan du chevalet.

Fig. 47.

Vue en plan du ájamor à lolles
(Le chevalet supposé enlevé)

Fig. 47 bis.

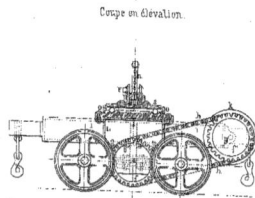

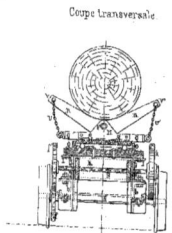

Fig 48.

Élévation

Vue de bout.

Plan.

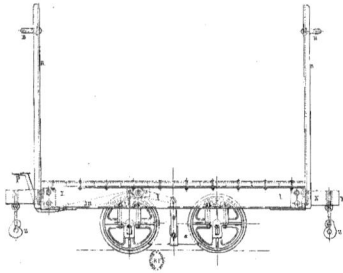
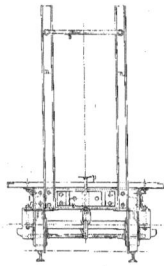
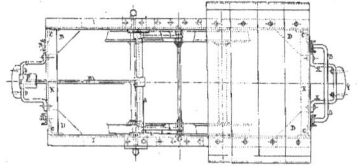

Échelle de $\frac{1}{10}$
Fig. 68

Élévation

Vue de bout.

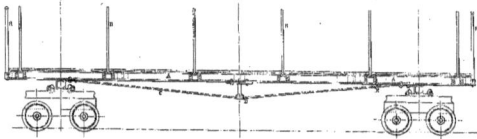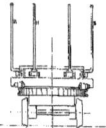

Plan

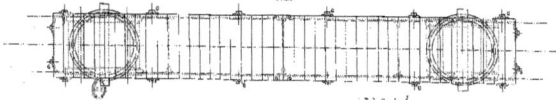

Réduite de 1/20

Fig. 50.

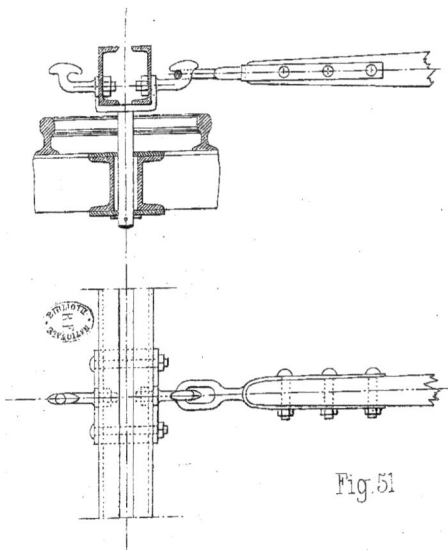

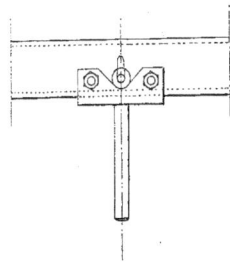

Fig.51

Élévation.

Vue de bout.   Coupe.

Plan.

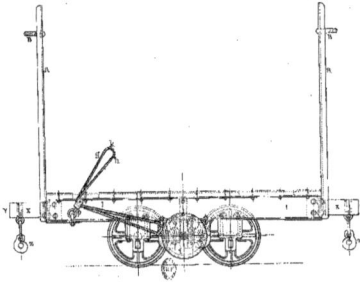
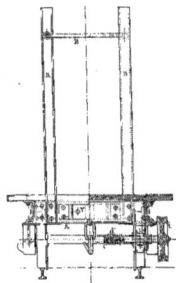
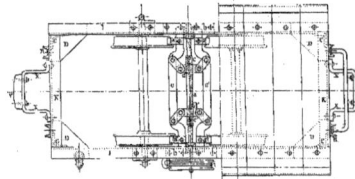

Echelle de 1/20

Fig. 56.

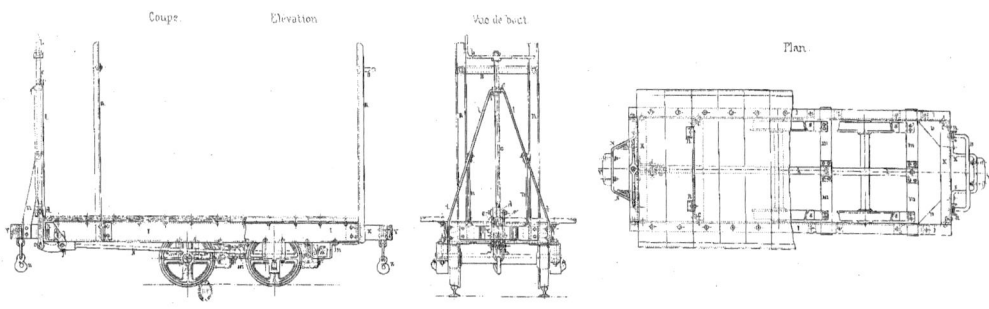

Coupe.   Elevation   Vue de bout   Plan.

Echelle de $\frac{1}{40}$

Fig 59

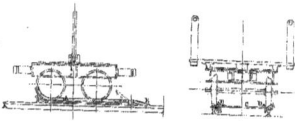

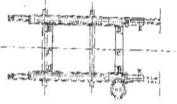

Fig 60

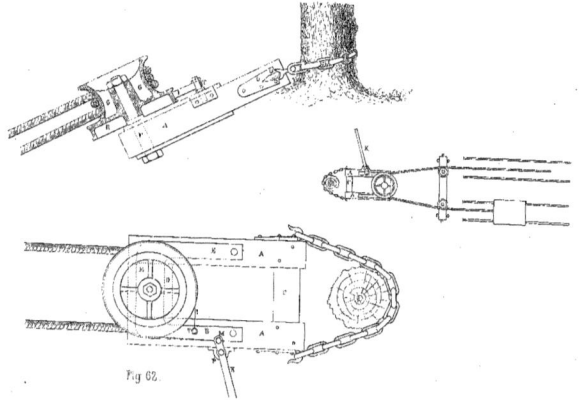

Fig 62.

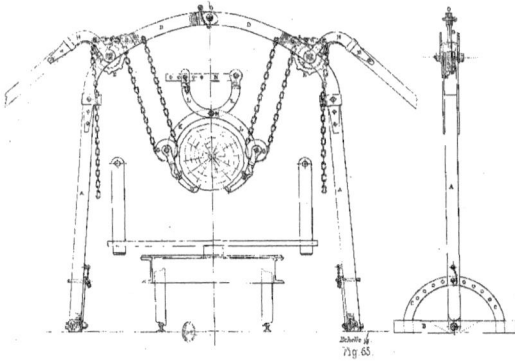

Echelle de
Fig 65.

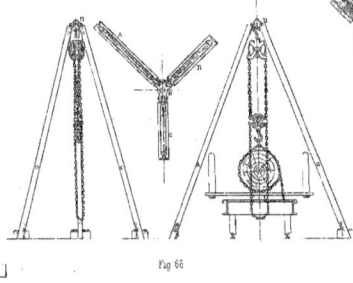

Fig 66

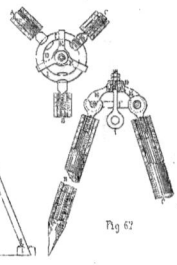

Fig 67

Fig. 78.

NANCY, IMPRIMERIE BERGER-LEVRAULT ET Cie.

www.ingramcontent.com/pod-product-compliance
Lightning Source LLC
Chambersburg PA
CBHW072123090426
42739CB00012B/3048